"Dein Geist ist der wahre Schild."
- Morihei Ueshiba
Aikido Gründer

Copyright © Michael Jacyna

Alle Rechte vorbehalten. Kein Teil dieser Publikation darf auf keine Weise elektronisch oder mechanisch,
ohne die vorherige Erlaubnis des Autors reproduziert oder verwendet werden.
Dieses beinhaltet auch Fotokopie und Aufnahme.
Für weitere Informationen dieser und anderer Aikido spezifischer Bücher:
ExploreAikido.com

Übersetzung aus dem Englischen ins Deutsche

Mathias Köttner & Anke E. Abken

ISBN-13: 978-1948038089

Entdecke AIKIDO Band 1

Aiki-Tai Jutsu

Unbewaffnete Techniken im Aikido

Michael Jacyna

Inhalt

1. Teil · Allgemeines

Vorwort 7

Aikido Etikette 8

Aufwärmen 12

Ukemi 24

Technische Unterteilung & Elemente 38

Tai Sabaki & Ashi Sabaki 44

Atemi 50

Angriffe im Aikido 56

Technikbeispiele 60

2. Teil · Aikido Techniken

Suwari Waza

    Kihon 66

    Katate tori aihanmi 74

    Katate tori gyakuhanmi 82

    Shomen uchi 86

    Ryote dori 95

2. Teil · Aikido Techniken · Fortsetzung

Hanmi Handachi

- Katate tori gyakuhanmi 98
- Katate tori aihanmi 106
- Ryote dori 107
- Ushiro ryote dori 114
- Ushiro ryo kata dori 117

Tachi Waza

- Katate tori aihanmi 118
- Katate tori gyakuhanmi 142
- Katate ryote dori 156
- Ryote dori 176
- Mune dori 194
- Ryo mune dori 208
- Kata tori men uchi 216
- Shomen uchi 230
- Yokomen uchi 246
- Tsuki 266
- Mae geri 276
- Ushiro ryote dori 286
- Katate ushiro kubi shime, Ushiro ryo kata dori, Ushiro kubi shime 302

Futari Dori 316

Randori 340

Kaeshi Waza 348

Glossar 397

Vorwort

Aikido ist Budo, eine traditionelle japanische Kampfkunst, die ihre Wurzeln in den Kriegertraditionen des feudalen Japans hat. In der heutigen Gesellschaft wird an das Aikidotraining mit der Betonung auf beide, die psychisch-physische und die spirituelle Entwicklung einer Person herangegangen.

In diesem Band bemühe ich mich, unbewaffnete Techniken aus einem zugänglichen und transparenten Blickwinkel, den der Leser beobachten und in Bezug zu den technischen Aspekten der Kunstform setzen kann, zu präsentieren. Bitte, beachten Sie jedoch, daß, so transparent und visuell zugänglich dieses Buch auch sein mag, es kein Ersatz für das Training in einem Dojo unter der Führung eines qualifizierten und kundigen Lehrers ist, der das Material präsentiert und die Nuancen jeder Technik erklärt.

Für alle, die noch keine Erfahrung mit Aikido haben, hoffe ich, daß dieses Buch Sie inspiriert und Ihren Pfad beginnen lässt. Für Aikidoenthusiasten hoffe ich, daß dieses Buch als fundamentaler Leitfaden dient. Für erfahrene Aikidokas hoffe ich, daß dieses auch gedankenanregendes Material liefert.

Ich möchte meine Dankbarkeit und Anerkennung meinen Lehrern A. Cognard, J. Wysocki und dem späten G. Savegnago, die mich auf und außerhalb der Matte beeinflußt haben, zum Ausdruck bringen. Danke.

Ich möchte Shizard Alborzi für das Teilen seiner Karatefähigkeiten für dieses Projekt danken. Ich danke ebenfalls meinen Schülern Aaron Bush, Marie Visisombat, Zachary Nikolayev und Andrey Yevdoshchenko für ihre Zeit, Mühe und Hingabe während der photographischen Aufnahmen und der Erstellung dieses Buches.

Aikido Etikette

Der Verhaltenskodex ist ein wesentlicher Bestandteil der meisten traditionellen Kampfkünste und Aikido ist hier keine Ausnahme. Es beginnt und endet mit der Etikette. Eigentlich ist sie der erste und einfachste Schritt, um die Reise im Budo zu beginnen.

Etikette ist eine innere Disziplin. Ergänzend zu unserem äußeren/physischen Aikido Lehrplan ist es das Üben in Selbstkontrolle, Respekt und Gutmütigkeit. Durch aufrichtige Etikette kreiert man die nötigen Kanäle für den direkten Wissenstransfer vom Sensei (Lehrer) zum Deshi (Schüler).

In dem Moment, in dem wir das Dojo betreten, verbeugen wir uns mit Taichi rei (stehende Verbeugung) zur Kamiza oder zur Mitte der Trainingshalle. Wenn wir die Matte betreten und zum Trainieren bereit sind, verbeugen wir uns mit Za rei (sitzende Verbeugung).

Zu Beginn und am Ende jeder Übungsstunde setzen sich die Schüler in einer Reihe mit dem Blick zur Shomen Wand. Die hochrangigsten Schüler sitzen auf der rechten Seite der Reihe. Die niedriger graduierten Schüler sitzen auf der linken Seite der Reihe und der Sensei sitzt zwischen der Kamiza und den Schülern. Vor der Eröffnungs- und Schlußverneigung der Übungsstunde praktizieren der Sensei und die Deshi Mokuso (Meditation). Nach dem Mokuso wird eine Verneigung der Gruppe in Richtung der Kamiza ausgeführt gefolgt von einer Verbeugung zwischen Lehrer und Schülern. Während der Eröffnungs- und Schlußverbeugung erhebt sich der Lehrer als erster aus der Verneigung, gefolgt von dem ranghöchsten Schüler usw. Das neueste Gruppenmitglied erhebt sich zuletzt.

Aufreihung und Mokuso zu Beginn und am Ende einer Stunde.

Einer der Schüler - normalerweise ein hochrangiger Schüler - bietet am Ende der Stunde dem Sensei an, seine Hakama zu falten. Neuere Schüler oder niederrangige Schüler bieten sich an, die Hakamas der hochrangigen Mitglieder zu falten. Dieser Brauch kreiert gegenseitigen Respekt und Würdigung für die Zeit, in der zusammen trainiert wird.

Andere Organisationen folgen dem Verhaltenskodex möglicherweise mit geringen Variationen. Aber insgesamt findet man in den meisten Dojos im Lehrplan ein ähnlich implementiertes Protokoll. Die Etikette sollte nicht zur Last fallen. Sie sollte beobachtet und von den erfahreneren Schülern selbstverständlich angenommen und von neuen Schülern geübt werden während sie auf dem Aikidopfad fortschreiten.

Die folgenden Seiten zeigen Verbeugungen wie sie während des Aikidotrainings allgemein verwendet werden.

Verbeugung zwischen Lehrer und Schüler

Diese Verbeugung wird immer dann ausgeführt, wenn der Schüler dem Lehrer bei der Präsentation einer Technik in der Übungsstunde assistiert. Sie wird auch dann ausgetauscht, wenn der Sensei dem Deshi eine Unterweisung und/oder Korrekturen während des Trainings gibt.

Za rei - Sitzende Verbeugung zwischen den Teilnehmern

Diese Verbeugung wird vor und nach dem Training ausgeführt, wenn die Schüler die Techniken, die vom Lehrer gezeigt wurden, üben. Es spielt dabei keine Rolle, ob die Techniken Tachi waza (stehende Techniken), Hanmi handachi waza (sitzend/stehende Techniken) oder Suwari waza (sitzende Techniken) sind.

Tachi rei - Stehende Verbeugung zwischen den Teilnehmern

Die Schüler praktizieren Tachi rei während des Tachi waza Trainings, wenn sie zwischen Tori (dem Ausführenden) und Uke (dem Empfänger) die Rollen tauschen.

Verantwortung und Verhalten während des Trainings

Es gibt Sensei und Deshi. Jeder hat seinen Teil der Verantwortung zu erfüllen. Senseis Verantwortung ist zu führen; Deshis Verantwortung ist zu folgen. In den meisten Fällen ist es Deshis eigener Entschluß, einem Dojo beizutreten und zu trainieren. Im Gegenzug ist es Deshis Verantwortung, sich einzulassen, zu beobachten, zuzuhören und das aufzunehmen, was ihm/ihr gegeben wird.

Es gibt zwei Arten von Schülern. Die erste Gruppe besteht aus Soto deshi (Schüler von außerhalb). Diese Schüler sind gewöhnlich Mitglieder des Dojos, Schüler, die das Training als Hobby betreiben oder die sich dem Training nicht regelmäßig widmen können. Die zweite Schülergruppe besteht aus Uchi deshi (Schüler von innerhalb). Uchi deshi Schüler nehmen sich Zeit für ihr Training und ihren Sensei. Aikido ist ihre Priorität.

Um ein echter Uchi deshi zu werden, braucht es Zeit, Schweiß, Anstrengung und in vielen Fällen auch Entmutigung ihres Sensei. Deshis einzige Verantwortung ist es, seine Verbindlichkeit und seinen Willen, ein Uchi deshi zu werden, zu beweisen. Wenn der Sensei sich entschließt, jemanden als Uchi deshi anzunehmen, geschieht dieses gewöhnlich leise. Ohne ein gesprochenes Wort wird der Vorgang laut nachhallen. Dann beginnt der wahre Pfad.

Aikido Aufwärmen

Das Aufwärmen im Aikido beginnt mit den folgenden Übungen: Shin kokyu, Funakogi und Furi tama. Diese Übungen werden als Kombination am Anfang der Übungsstunde ausgeführt. Der Zweck dieser Übungen besteht darin, Körper und Geist zu harmonisieren und die Teilnehmer der Übungsstunde zu vereinen.

Der erste Teil ist Shin kokyu, was frei übersetzt als "bewußt atmen" bezeichnet werden kann. Mit dieser Übung bemühen wir uns, einen ruhigeren Körper- und Geisteszustand zu erlangen und streben nach der Vereinigung der Ki Energie.

Beginne, wie auf dem Bild gezeigt, in einer aufrechten Haltung (Parallelstand) (Bild 1). Bringe deine Handflächen locker zusammen, sie deuten auf den Boden (Bild 2). Hebe deine Arme bis die Handflächen zum Himmel zeigen (Bild 3). Senke deine Arme so, daß sich deine Handflächen auf der Höhe deines Bauches befinden und deine Finger nach vorne weisen (Bild 4). Platziere deine linke Handfläche über deine rechte so, daß sich deine Finger jeweils überlappen und sich deine Daumen berühren (Bild 5). Meditiere für einen Moment in dieser Position. Hebe nun deine Arme auf Schulterhöhe an und klatsche viermal (Bild 6-8).

Während des Shin kokyu zeigen die Handflächen zum Boden, zum Himmel und nach vorne. Dieses symbolisiert die Erde, den Himmel und die Menschen, die dazwischen leben. Das viermalige Klatschen repräsentiert die Vereinigung der vier Elemente Erde, Feuer, Wasser und Wind.

Die zweite Übung ist das Funakogi, eine Ruderübung. Sie besteht aus drei Sequenzen. Jede wird in einem anderen Rhythmus, Klang und Profilstand ausgeführt.

Die erste Rudersequenz beginnt mit dem linken Fuß nach vorne (Bild 1-5). Die Hüften initialisieren die Bewegung; die Arme folgen der Hüftbewegung natürlich und locker nach (Bild 1-3). Auf dem Rückweg bewegen sich die Hüften zuerst zurück. Die Arme folgen und die locker geschlossenen Fäuste enden auf den Hüften (Bild 3-5). Dieses Funakogi wird mit einem Heii-Hoo Ton in einem langsamen Rhytmus ausgeführt. Heii wird in der Vorwärtsbewegung verwendet, Hoo während des Zurückgehens.

Das zweite Funakogi wird im Rechtsprofil ausgeführt. Wie bevor beginnt die Bewegung mit den Hüften und die Arme folgen. Die Sequenz wird schneller als die erste geübt und sie wird mit einem Heii-Heii Klang begleitet.

Das dritte Funakogi wird in einem Linksprofil ausgeführt. Die Bewegung beginnt mit den Hüften. Die Arme folgen mit geschlossenen Fäusten in einer schnellen Abwärtsbewegung nach (Bild 1-3). Auf dem Weg zurück werden die Fäuste geöffnet und die Hände an die Hüften gebracht. Diese Sequenz ist die schnellste der drei Funakogi Übungen. Der Begleitklang ist Heii-Tsaa.

Entdecke Aikido Band 1

Die dritte Übung ist das Furi tama. Sie kann als "die Schwingung der Seele" interpretiert werden. Sie ist ein Element, das nach jedem Funakogi eingefügt wird (siehe vorherige Seite).

Nach jeder Funakogi Sequenz wird vom Profilstand in einen Parallelstand gewechselt (Bild 1). Bringe deine Handflächen zusammen und lasse deine Finger nach vorne weisen (Bild 2). Lege deine Handflächen aufeinander; die linke Hand befindet sich über der rechten (Bild 3-5). In dieser Position schüttelst du deine Hände auf und ab (Bild 6-7). Während des Furi tama atmest du durch die Nase ein und durch den Mund aus. Deine Haltung sollte aufrecht und deine Wirbelsäule sollte vertikal ausgerichtet sein. Während du den Griff schüttelst, sollte dein Körper entspannt sein, sodaß die Schwingung spürbar wird und durch deine Wirbelsäule vom Kreuzbein zu den Halswirbeln wandert.

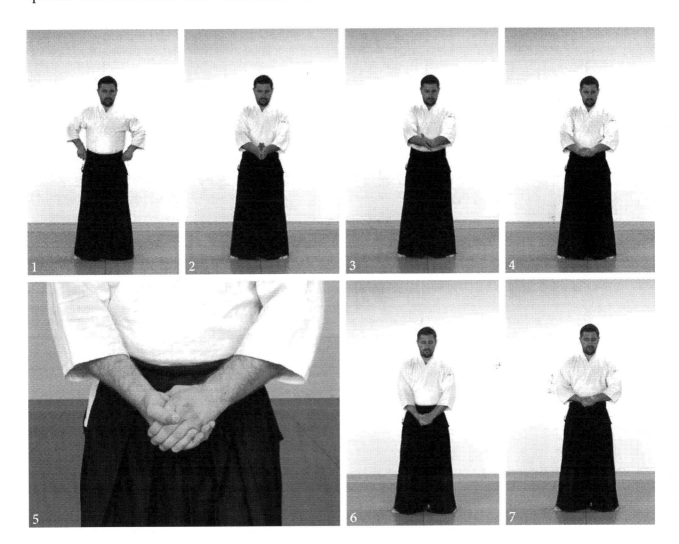

Beachte die Reihenfolge, in der die gesamte Sequenz bestehend aus Shin kokyu, Funakogi und Furi tama durchgeführt wird:

1. Shin kokyu, 2. Funakogi im Linksprofil, 3. Furi tama, 4. Funakogi im Rechtsprofil, 5. Furi tama, 6. Funakogi im Linksprofil, 7. Furi tama. Die Sequenz endet mit Shin kokyu, welche sich am Anfang etwas von dem ersten Shin kokyu unterscheidet. Dieses wird auf Seite 16 gezeigt und erklärt.

Nach dem letzten Furi tama wird das letzte Shin kokyu ausgeführt. Klatsche viermal (Bild 1-2). Lasse deine Fingerspitzen zur Erde und zum Himmel zeigen (Bild 3-4). Hebe deine Fersen und falte deine Hände so, daß die Finger und die Daumen ineinander greifen. Bringe deine Hände mit einem Heii Klang geschwind auf Bauchhöhe (Bild 5-7). Während du einatmest, öffnest du den Griff und nimmst die angesammelte Energie mit weit geöffneten Armen auf (Bild 8-9). Wenn du ausatmest, schließt du die Arme und bringst die Handflächen vor deinen Bauch (Bild 10). Wiederhole das Ein- und Ausatmen dreimal. Beende diese Übung mit dem Heben der Arme und mit geöffneten Handflächen. Schüttle nun die verbleibende Anspannung ab (Bild 11-12).

Entdecke Aikido Band 1

Sayo undo und Mune hineri bilden eine weitere Gruppe von Aikido Aufwärmübungen. Beide sind eine gute Gelegenheit, an Meguri (Rotationsbewegung der Unterarme) zu arbeiten und ein Verständnis für die Wichtigkeit der Hüftarbeit im Aikido zu erlangen.

1. Sayo undo ist eine Übung in Seiza mit weit gespreizten Knien. Beginne die Übung damit, deine Hände, die mit den Daumen nach oben weisen, auf deine Oberschenkel zu legen (Bild 1). Lehne dich nach links und dann nach rechts. Wenn du dich zur Seite lehnst, drehst du zur gleichen Zeit deine Unterarme. Es ist wichtig, daß die Armdrehung mit der Hüftbewegung beginnt.

2. Mune hineri ist eine weitere Aikido Aufwärmübung in Seiza. Lege deine Hände locker auf deine Oberschenkel (Bild 1). Beginne die Bewegung damit, daß du deine linke Hüfte, deinen Oberkörper und deine linke Schulter nach vorne drehst. Der linke Arm folgt der Bewegung mit gleichzeitiger Drehung des Unterarms nach. Am Ende der Drehung zeigt dein linker Daumen nach unten. Deine rechte Hand wird gleichzeitig zur Hüfte gezogen, die Handfläche weist dabei nach oben (Bild 2). Die Bewegung wird abwechselnd links und rechts ausgeführt (Bild 3).

3. Die Kokyu Dehnung wird nach den beiden vorherigen Übungen ausgeführt. Beginne in Seiza, wobei die Hände auf den Oberschenkeln liegen (Bild 1). Atme ein, wenn du deine Arme anhebst (Bild 2-3). Wenn deine Arme oben sind, schließt du deine Hände. Atme tief aus und senke deine Arme. Dabei werden die Ellenbogen zum Körper gezogen und die Handrücken ruhen am Ende der Übung auf deinen Oberschenkeln (Bild 4-6).

Entdecke Aikido Band 1

Nacken aufwämen. Die folgenden Übungen sind selbsterklärend, siehe unten:

1. Auf- und Abbewegung des Kopfes.

2. Hin- und Herbewegung des Kopfes.

3. Neigung des Kopfes von Schulter zu Schulter.

4. Kopfkreiseln nach links und rechts.

5. Neige deinen Kopf zurück und schüttle ihn. Entspanne dabei deine Kiefer- und Gesichtsmuskeln.

Entdecke Aikido Band 1

Dehnungsübungen für das Handgelenk werden auf beiden Seiten ausgeführt.

Alle Handgelenksdehnungen sollten moderat und unterhalb der Schmerzgrenze ausgeführt werden.

1. Nikyo - strecke deinen linken Arm mit dem Daumen nach unten. Drücke mit deiner rechten Hand den kleinen Finger und Daumen deiner linken Hand zusammen. Ziehe den Griff zu deinem Zentrum. Dann bewege ihn leicht nach unten (Bild 1-4). Der Bewegungsablauf ist vertikal, elliptisch.

2. Sankyo - halte deinen linken Arm so, daß die Handfläche nach unten und nach vorne weist. Der Ellenbogen zeigt dabei nach oben. Greife dein linkes Handgelenk mit deiner rechten Hand. Drehe den linken Unterarm nach innen, wobei du ihn gleichzeitig zur Seite und nach oben bewegst (Bild 1-4). Der Bewegungsablauf für Sankyo ist diagonal, elliptisch.

3. Kotegaeshi - halte deinen linken Arm so, daß die Handfläche nach oben und zu dir zeigt, der Ellenbogen zeigt dabei nach unten. Greife mit den Fingern der rechten Hand deinen linken Daumenballen. Drücke mit deinem rechten Daumen auf den Handrücken der linken Hand und rotiere nun dein linkes Handgelenk nach außen (Bild 1-4).

4. Nikyo-Yonkyo - greife dein linkes Handgelenk mit deiner rechten Hand. Bringe den Griff nach oben bis du eine leichte Spannung in deinem linken Handgelenk verspürst (Bild 1-2). Dehne den Griff nach vorne. Übe mit der Basis deines rechten Zeigefingers Druck auf deinen linken Unterarm kurz vor dem Handgelenk aus (Bild 3-4).

Beine dehnen und aufwärmen.

1. Knie dehnen. Stehe mit einem Bein nach vorne und lehne dich vorwärts, indem du mit dem Gewicht deines Oberkörpers leichten Druck auf das vordere Knie ausübst. Dehne abwechselnd das linke und das rechte Knie.

2. Tief gehockte Dehnung, links und rechts. Beginne in einer tief gehockten Position, wobei ein Bein gestreckt ist, und wechsel dann auf die andere Seite. Während des Übergangs von einer Seite zur anderen versuchst du, die Hüfte so tief wie möglich über dem Boden zu behalten. Dieses macht die Übung zu einer größeren Herausforderung.

3. Kniekreisen. Bringe deine Füße zusammen, beuge beide Knie und halte sie mit deinen Händen zusammen. Beginne mit dem Kniekreisen, erst nach links und dann nach rechts.

4. Nach vorne dehnen. Sitze aufrecht mit geschlossenen Beinen und strecke dich nach vorne. Greife nach den Zehen und halte sie fest. Wenn du deine Zehen nicht greifen kannst, versuchst du, deine Knöchel zu greifen.

5. Sitzende Grätsche, links und rechts. Spreize deine Beine und lehne dich ganz nach vorne oder so weit, bis du die Dehnung verspürst. Lehne dich nach links. Wenn du deine linken Zehen gefaßt hast, ziehst du dich vorwärts. Wiederhole die Übung auf der rechten Seite.

6. Schmetterling. Nach dem Spreizen der Beine bringst du deine Füße zusammen. Halte deine beiden großen Zehen mit deiner rechten Hand fest während du mit deiner linken Hand die restlichen Zehen greifst (Bild 1). Bewege in dieser Position deine Knie auf und ab (Bild 2-4).

7. Knie hin und her bewegen. Nach den obrigen Übungen winkelst du deine Knie an und bringst die Füße zusammen. Bewege deine Knie nach rechts und links. Dieses ist eine gute Übung, um die Spannung nach dem Dehnen der Beine zu verringern.

Schwingen. Die folgende Serie von Schwingübungen ist ein gute Gelegenheit, den Rücken und die Beine aufzuwärmen und zu dehnen, sowie das Zentrum zu stärken. Das Vor- und Zurückschwingen wird in den meisten Aikido Aufwärmprogrammen vor dem Rollen und Fallen geübt.

1. Die erste Sequenz beginnt mit nach vorne ausgestreckten Beinen. Wenn du nach hinten schwingst, reichst du mit deinen Armen ganz auf die Matte zurück. In diesem Moment berührst du mit deinen Zehen kurz die Handflächen und schwingst anschließend in die aufrechte Position zurück. Greife nun nach deinen Zehen und gehe in die Dehnung.

2. Die zweite Sequenz beginnt in einer sitzenden Position mit dem linken Fuß nach vorne. Drücke dich mit deinem linken Bein von der Matte ab und schwinge zurück, nach oben und nach hinten. Dein rechtes Bein folgt und wechselt mit dem linken. Der Schwung wird dich zurück in eine sitzende Haltung bringen. Beende die Bewegung mit dem rechten Bein nach vorne. Merke, daß der Wechsel der Beine beim Zurückschwingen erfolgt und daß du die Übung nach jedem Schwingen sitzend mit dem anderen Bein nach vorne beendest.

3. Die dritte Sequenz beginnt auf einem Bein knieend, wobei das linke Bein nach vorne zeigt ("Halbposition"). Der rechte Fußrücken befindet flach auf der Matte und die Zehen sind gestreckt. Beginne aus dieser Position in die Schwingübung zu gleiten. Wiederhole die Sequenz wie in der vorherigen Schwingübung beschrieben. Auf dem Weg zurück ist es wichtig, den linken Fußrücken flach auf die Matte zu legen. Beende die Übung in der Halbposition, wobei der rechte Fuß nach vorne weist.

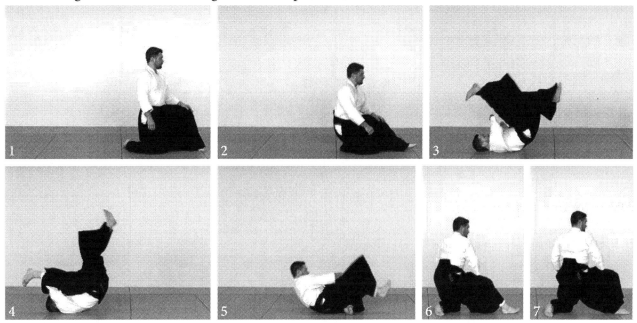

4. Die vierte Sequenz beginnt in einer stehenden Position mit dem linken Bein nach vorne. Gleite von der stehenden Position in die Schwingübung, indem du deinen rechten Fußrücken flach auf die Matte legst und dich auf die Matte sinken läßt. Wechsel die Beine und beende die Übung mit dem rechten Fuß nach vorne. Das Schwingen wird gewöhnlich in jeder Sequenz zehnmal wiederholt, insgesamt also 40 Wiederholungen.

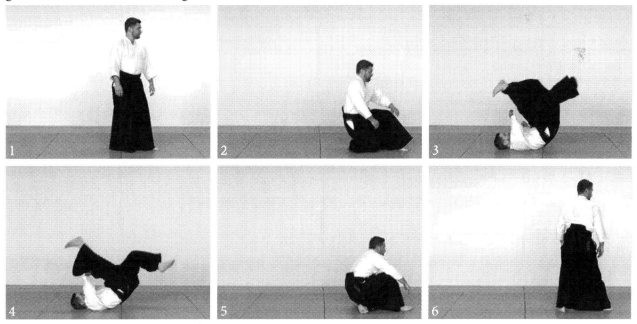

Ukemi

Ukemi, die Kunst des Rollens und Fallens, ist ein sehr wichtiger Bestandteil unseres Aikido Trainings. Die Hauptaufgabe des Ukemis ist die Verletzungsprävention durch sicheres Entweichen aus den Aikidotechniken. In der Aikidoübungsstunde wird gewöhnlich in Paaren trainiert. Einer der Schüler ist der Tori, der andere ist der Uke. Uke empfängt die Technik und diese endet meistens in einer Ukemi Fallschule. Auf den folgenden Seiten sind einige nützliche Ukemi Beispiele dargestellt.

1. Suwari ushiro ukemi ist eine Rückwärtsrolle aus dem Sitzen. Beginne in einer sitzenden Position, wobei der rechte Fuß nach vorne zeigt, und der linke Fuß befindet sich angewinkelt unter dem rechten Knie. Drücke den rechten Fuß vom Boden ab und strecke ihn über deine rechte Schulter. Dieses erzeugt den notwendigen Schwung, um über die Matte zu rollen. Dein Kopf sollte zum linken Knie gelehnt sein, um Platz für deine Schulter beim Rollen zu schaffen. Am Ende der Übung befindest du dich in Seiza.

2. Ushiro ukemi ist eine Rückwärtsrolle aus der Halbposition. Sie wird oft nach dem Aufwärmen und vor dem eigentlichen Training geübt. Beginne mit einem Knie auf der Matte, lasse dich nach hinten sinken und rolle über deine Schulter. Beende die Übung in der Halbposition, wobei das andere Bein nun nach vorne weist. Wenn du zum Beispiel mit rechten Fuß nach vorne beginnst, beendest du die Übung mit dem linken Fuß nach vorne.

3. Ushiro ukemi, Rückwärtsrolle aus stehender Position. Beginne die Übung im Profilstand mit einem Fuß nach vorne weisend. Gleite in eine sitzende Position und rolle zurück. Beachte, daß du den Fuß, den du mit dem Fußrücken auf die Matte legst (Bild 5), so nahe wie möglich an deinen Körper bringst. Dieses erleichtert das Aufstehen nach der Rolle.

4. Suwari zenpo kaiten ukemi ist eine Vorwärtsrolle im Sitzen. Beginne die Übung in Seiza mit ei-nem Knie nach vorne und mit einem Knie zur Seite gerichtet (Bild 1). Lehne dich nach vorne und rolle vorwärts über deinen linken Arm und deine linke Schulter. Dein rechter Arm kann als Unterstützung dienen (Bild 2-3). Beende die Rolle in Seiza (Bild 6) oder in einer sitzenden Position, wobei ein Knie nach oben weist (Bild 6b).

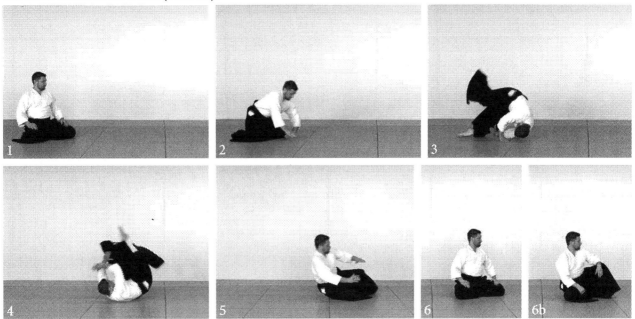

5. Zenpo kaiten ukemi, Vorwärtsrolle aus der Halbposition. Beginne die Übung aus einer halbsitzenden Position. Lehne dich nach vorne, drücke dich mit deinem rechten Bein vom Boden ab und gleite in die Rolle. Beachte, daß du jeweils über den Arm der Seite rollst, auf der das Bein vorne ist. Z.B. wenn dein linkes Bein vorne ist, rollst du über deinen linken Arm. Wenn dein rechtes Bein vorne ist, rollst du über deinen rechten Arm.

6. Zenpo kaiten ukemi, Vorwärtsrolle aus stehender Position. Beginne mit deinem linken Bein nach vorne und rolle über deinen linken Arm und deine linke Schulter. Beende die Übung in einer stehenden Position mit dem linken Bein nach vorne.

Zenpo kaiten ukemi und Ushiro ukemi sind grundlegende Aikidorollen. Beide beinhalten Elemente der Schwingübungen, wie sie im Aufwärmkapitel gezeigt wurden.

7. **"Sturz-" Fall**, wie der Name schon sagt, ist eine Fallübung, die als ein kontrollierter "Sturz" bezeichnet werden kann. Beginne die Übung mit einem Zenpo kaiten ukemi im linken Profilstand. Um den Fall zu bremsen, schlage mit deiner rechten Hand (Bild 4) kräftig auf die Matte. Anstatt aufzustehen, streckst du deine Beine aus und beendest die Fallübung auf der Matte (Bild 6).

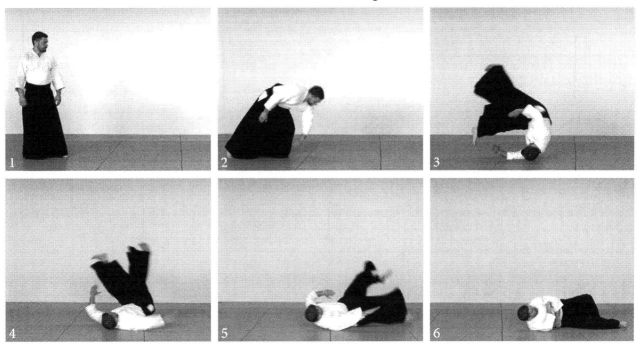

8. **Kote ukemi**, ist ein freihändiger (freier) "Sturz-" Fall. Diese Fallübung wird für viele Aikidotechniken wie Kotegaeshi, Sumi otoshi, Kokyu nage und Sudori nage benötigt, um nur ein paar zu nennen.

9. **"Wiegemesser"** ist eine Fallschule, in der der Oberkörper zuerst, gefolgt vom Unterkörper und den Füßen, fällt. Die generelle Bewegungsrichtung des Wiegemesserukemis ist rückwärts. Das Wiegemesser aus dem Sitzen ist normalerweise ein Bestandteil des Aufwärmens. Beachte bei dieser Fallübung: wenn man zur rechten Seite schaut, tritt man mit dem rechten Bein nach hinten (Bild 3). Wenn du nach links schaust, trittst du mit dem linken Bein. Dieses ist weniger anstrengend und dein Körper ist für den Fall richtig ausgerichtet.

10. "Wiegemesser" aus stehender Position (Bild 1-8). Das Wiegemesser wird gewöhnlich in Ikkyo, Nikyo, Sankyo, Yonkyo und Gokyo Techniken verwendet.

12. Freier Fall oder Irimi ukemi (Bild 1-10). Diese Fallschule wird für Irimi nage, Yoko irimi, Tenchi nage, Aiki otoshi, Shiho nage sankyo und einige andere Techniken verwendet.

11. Der freie Fall in Zeitlupe. Beginne die Übung in einer gehockten Position. Schaue über deine rechte Schulter. Greife in einer großen, kreisförmigen Bewegungslinie vertikal mit deinem rechten Arm nach hinten. Wenn du die Matte mit deiner Handfläche berührst, solltest du nach hinten auf die Matte schauen. Dieses hilft, deinen Körper für die Fallübung richtig auszurichten (Bild 1-4). Während du deine Hüfte nach oben drückst, gleitest du mit deiner rechten Handfläche über die Matte bis deine rechte Schulter die Matte berührt. Gleite von deiner rechten Schulter auf deine linke Schulter (Bild 5). Wirf beide Beine hoch und nach vorne.

13. Kote ukemi #1. Halte die Hand deines Trainingspartners wie in Bild 1. Lehne dich vorwärts und gleite in den Fall. Deine freie Hand sollte vor deinem Körper die Matte berühren (Bild 5). Dieses erlaubt, den Aufprall des Falls zu absorbieren, und führt zu einem weicheren Fall.

14. Kote ukemi #2. Eine weitere Möglichkeit, Kote ukemi zu trainieren, besteht darin, über einen knieenden Partner zu fallen. Lege deinen Arm um den Oberkörper deines Partners und gleite in die Fallübung. Deine freie Hand sollte zuerst die Matte berühren.

15. Koshi ukemi, Hüftfall. Dein Partner hält dein Handgelenk, beugt seine Knie und lädt dich auf seinen unteren Rückenbereich auf (Bild 1-4). In diesem Moment windest du deinen Arm um seine Schulter oder hälst dich an seinem Uniformkragen fest (Bild 5, 5b). Sobald du dich an ihm festhälst, richtet sich dein Partner auf und lässt dich von seiner Hüfte gleiten (Bild 6-8).

16. Irimi ukemi, Freier Fall mit Partner #1. Dein Partner steht mit zur Seite ausgestreckten Armen vor dir (Bild 1). Nähere dich einem seiner Arme und winde deinen Arm um seinen Arm (Bild 2-3). Lasse deine Beine nach vorne fliegen (Bild 4-6). Deine Handfläche oder dein Unterarm berührt die Matte zuerst (Bild 7-8).

17. Irimi ukemi, Freier Fall mit Partner #2. Dieses Beispiel ist die gleiche Fallschule wie die vorherige, nur wird der Arm hier nicht mehr um den Arm des Partners gewunden.

Technische Unterteilungen & Elemente

Technische Unterteilungen und Elemente im Aikido. Es gibt mehrere technische Unterteilungen im Aikido. Sie zu erklären, macht das Lernen und Verstehen sehr viel einfacher und wird den Fortschritt des Schülers im Aikido beschleunigen.

1. Aiki-tai jutsu - unbewaffnete Aikidotechniken werden in drei verschiedenen Positionen trainiert: A) sitzend, B) sitzend/stehend und C) stehend.

A) Suwari waza - sitzende Position.
Die Techniken werden in Seiza trainiert.

B) Hanmi handachi waza - Techniken, in denen Tori sitzt und Uke steht.

C) Tachi waza - Techniken, die im Stehen ausgeführt werden. Dieses ist die populärste aller drei Trainingsoptionen.

2. Omote und Ura

A) Das Omote Konzept - Omote Techniken basieren auf der Zentripetalkraft. Sie nutzen die Irimieingangsbewegung und die sofortige Kontrolle der Zentrallinie. Sie tendieren dazu, kürzer und deshalb sehr viel direkter zu sein als die Ura Techniken. In den meisten Omote Formen führen wir die Techniken "vor" dem Uke aus.

Omote Technikbeispiel:
Irimi Nage Omote (Bild 1-5).

B) Das Ura Konzept - Ura Techniken basieren auf der Zentrifugalkraft. Ura Techniken leiten die Energie beispielsweise mit einer Drehbewegung um, und in den meisten Fällen werden sie "hinter" dem Uke ausgeführt.

Ura Technikbeispiel:
Irimi Nage Ura (Bild 1-5).

Beachte, daß viele Techniken Omote als auch Ura Elemente beinhalten. Deshalb sind sie oft schwer als rein Omote oder als rein Ura zu kategorisieren.

3. Osae und Nage

A) Die Osae sind Haltetechniken basierend auf Gelenkshebeln und Immobilisationen. Ikkyo, Nikyo, Sankyo, Yonkyo und Gokyo, um nur ein paar zu nennen, können in diese Kategorie eingeordnet werden.

Osae Technikbeispiel:
Ude Kime Osae (Bild 1-5).

B) Die Nage sind Wurftechniken. Irimi nage, Yoko irimi, Sumi otoshi, Tenchi nage und Kaiten nage sind einige Techniken aus der Nage Gruppe.

Nage Technikbeispiel:
Ude Kime Nage (Bild 1-5).

4. Abstand

Im Aiki-tai jutsu arbeiten wir mit drei Distanzen:

A) Chikama bezeichnet einen kurzen Abstand zwischen Tori und Uke. Dieser wird nomalerweise in Suwari waza verwendet. Es ist ein Abstand, bei dem sich Uke und Tori jeweils in Reichweite befinden, ohne Schritte gehen zu müssen. Diese Distanz gibt Uke einen Vorteil, denn Tori hat nur wenig Zeit zu reagieren.

B) Itto no maai ist der natürliche Abstand, bei dem Tori und Uke einen Schritt voneinander entfernt stehen. Es ist der gebräuchlichste Abstand, da er Uke genügend Zeit zum Angreifen bietet und Tori genügend Zeit zum Reagieren hat.

C) Toma ist eine weite Distanz, bei der Tori und Uke zwei Schritte voneinander entfernt stehen. Dieser Abstand ist für Tori von Vorteil, da sie ihm eine längere Reaktionszeit erlaubt und Uke muss eine längere Wegstrecke für seinen Angriff überbrücken. Normalerweise wird die Toma in Kokyu nage Techniken angewendet, bei denen wir einen hohen Anteil an kinetischer Energie für die Technikausführung benötigen. Die Toma Distanz wird auch im Aiki-jo und Aiki-ken Training verwendet.

5. Das Timing

Das Timing ist ein sehr wichtiges Element im Aikidotraining. Es gibt drei spezifische Timingoptionen:

A) Go no sen ist das reaktive Timing. Es ist das Timing, in dem Tori auf die Aktion des Uke reagiert. Tori wartet normalerweise bis Uke angreift und dann reagiert er. Dieses ist eine sehr fundamentale Timinganwendung.

B) Sen no sen ist das gleichzeitige Timing. In diesem Fall beginnen beide, Uke und Tori, ihre Aktion gleichzeitig. Es ist ein Timing, das für die mittlere Trainingsstufe angemessen ist.

C) Sen sen no sen ist das präventive Timing. Dieses ist die schwierigste aller drei Timingoptionen. Es ist ein Timing, bei dem Tori seine Verteidigung beginnt, bevor Uke seinen Angriff physisch begonnen hat. Es wirkt beinahe so, als ob Uke und Tori die Rollen vertauscht hätten. Es ist ein Timing, das dem fortgeschrittenen Training vorbehalten ist.

6. Die Techniken an sich selbst ausführen

Um eine Aikidotechnik richtig anwenden zu können, solltest du diese in vielen Fällen zuerst an dir selbst ausführen. Um eine Technik ausführen zu können, würden wir Uke unsere Hand in einer bestimmten Position anbieten (Nikyo, Sankyo, Kotegaeshi usw.). Es ist ein Konzept, das dem Schüler vom Lehrer persönlich gezeigt und anschließend ausreichend geübt werden muß, damit es in seiner Gänze verstanden wird.

7. Meguri

Meguri sind Rotationsbewegungen des Unterarms. Meguri sind im gesamten Repertoire enthalten und ihr Zweck besteht darin, die technische Funktion zu maximieren. Beachte, daß ein Meguri mit der Hüftbewegung beginnt, die dann in die Unterarme übertragen wird. Meguri sind zum Teil für das Beschleunigen des Uke, für das Absorbieren und das Hineinziehen des Uke in eine Technik, sowie für das Kuzushi, die Erzeugung einer unbalancierten Position des Uke, verantwortlich.

8. Beschleunigen

Die Beschleunigung des Uke ist besonders wichtig in Techniken, in denen für die Ausführung ein hohes Maß an kinetischer Energie erforderlich ist. Die Beschleunigung wird normalerweise durch das Ändern des Abstands zwischen Uke und Tori, sowie durch die Anwendung von Meguri in der Bewegung erzeugt.

9. Absorption

Die Absorption oder das Hineinziehen des Uke in eine Technik, sollte in jeder Hinsicht in das Aikidotraining mit einbezogen werden. Absorption kann durch Meguri, durch das zeitweilige Wechseln der Distanz zwischen Tori und Uke oder durch die Neupositionierung des Körpers ohne den Abstand zu verändern, erzeugt werden. In manchen Fällen kann sie auch durch einfaches Warten erreicht werden. Unabhängig davon, wie du es schaffst, den Uke in eine Technik hineinzuziehen, Absorption sollte immer ein Bestandteil des Aikidotrainings sein. Sogar, wenn das Hineinziehen für das Auge nicht sichtbar ist, sollte es dennoch vorhanden sein.

10. Kuzushi

Kuzushi heißt unbalancierte Position. Es ist ein sehr wichtiges Element, das in alle Wurftechniken einbezogen werden muß. Ohne Kuzushi ist es sehr schwer, jemanden zu werfen. Kuzushi wird durch Meguri, durch die Änderung der Distanz wischen Tori und Uke oder durch die Anwendung von Atemi erreicht (siehe Seite 50).

Bitte beachte, daß Timing, Meguri, Beschleunigung, Absorption und Kuzushi immer in den Techniken gleichzeitig enthalten sind und daß diese Elemente mehr oder weniger von einander abhängen.

Tai Sabaki & Ashi Sabaki

Tai sabaki und Ashi sabaki sind Körperbewegungen und Fußarbeit, die auf bestimmte Aikidotechniken verweisen. Sie werden dazu verwendet, um von der Linie eines drohenden Angriffs abzuweichen und/oder um eine freie Passage zu erzeugen, damit Uke an uns vorbeigehen kann. Es gibt einige Tai sabaki und Ashi sabaki Techniken, die im alltäglichen Aikidotraining vorhanden sind. Deshalb ist es notwendig, mit diesen vertraut zu sein.

1. Tenkan ist eine 180° Drehung. Meistens drehen wir uns auf dem vorderen Fuß. Siehe unten die Vorder- und Seitenansicht des Tenkan tai sabaki.

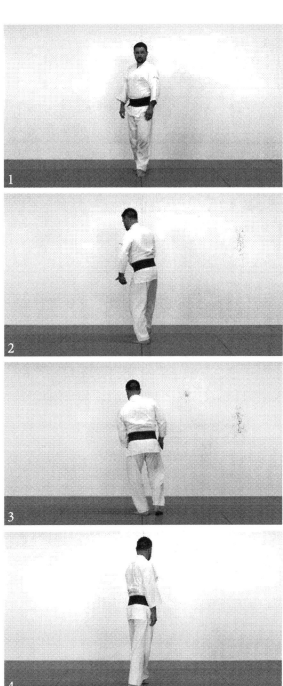

2. Irimi Tenkan bezeichnet einen Schritt vorwärts (Ayumi ashi omote) und eine Drehung (Tenkan). Die Bewegung beginnt mit dem Kopf und der Rest des Körpers folgt.

3. 270° Irimi ist eine Rotationsbewegung, bei der wir uns um den vorderen Fuß vorwärts drehen.

4. Ayumi ashi sind Vorwärts- oder Rückwärtsschritte. Dieses sind die natürlich wechselnden Schritte, die wir beim Laufen machen. Siehe das Beispiel unten:

Ayumi ashi omote

Ayumi ashi ura

5. Tsugi ashi sind Gleitschritte. Diese Schritte werden oft beim Training verwendet, um beide, Omote (vorwärts) und Ura (rückwärts), Tsugi ashi Schritte zu machen. Siehe das Beispiel unten:

Tsugi ashi omote

Tsugi ashi ura

Atemi

Atemi sind Angriffe. Sie sind ein essentieller Bestandteil des Aikidorepertoires und werden durch Schläge und Tritte ausgeführt. Die erste Gruppe beinhaltet "Füll-"atemi. Diese Angriffe sind in den Aikidotechniken enthalten und sind von besonderer Bedeutung, um eine gewünschte Technik einzuleiten. Die zweite Gruppe beinhaltet "Abschluß-" oder "Anwendungs-"atemi. Wie der Name schon sagt, ist der Zweck dieser Angriffe, die Begegnung mit dem Gegner von vorne herein am Anfang zu beenden. Auf den folgenden Seiten sind einige Beispiele für Füll- und Anwendungsatemi dargestellt.

1. Nikyo irimi Technik.

Atemi Anwendung für Nikyo irimi.

2. Yoko irimi Technik.

Atemi Anwendung für Yoko irimi.

Entdecke Aikido Band 1

3. Füllatemi Beispiel in der Kaiten nage Technik aus dem Shomen uchi Angriff (Bild 3&5).

4. Füllatemi Beispiel in der Irimi nage Technik aus dem Yokomen uchi Angriff (Bild 2,4,5).

5. Atemi und Angriffszielbeispiele.

Schläfe

Nase

Gesicht/Kopf Ellenbogen Atemi

Rippen

Kopf Knie Atemi

Schritt

Kinn

Doppel Atemi

Kinn/Gesicht

Angriffe im Aikido

Um im Aikidotraining Fortschritte machen zu können, ist es notwendig, einen Trainingspartner zu haben, der die Angriffe technisch richtig ausführen kann. Das bedeutet, den Angriff sowohl aus dem richtigen Abstand und mit der ausreichenden Menge an Energie auszuführen als auch den Angriff im korrekten Stand/in der korrekten Position zu beenden. Angriffe im Aikido bestehen aus Griffen, Schlägen und Tritten. In manchen Fällen werden die Griffe mit einem Schlag oder Fauststoß kombiniert. Beachte, daß ohne einen ordentlichen Angriff und ohne richtiges Engagement die Anwendung der Techniken sehr ermüdend sein kann. Bevor man sich dem weiter fortgeschrittenen Training zuwendet, sollten sich Aikidokas mit den folgenden Angriffen vertraut machen.

Katate tori aihanmi - Kreuzgriff

Katate tori gyakuhanmi - Gleichseitiger Griff

Katate ryote dori - Beidhändiger Handgelenksgriff

Ryote dori - Zweihändiger Griff

Ryo mune dori - Zweihändiger Griff zur Brust

Kata dori men uchi - Schultergriff kombiniert mit einem Shomen uchi Schlag

Shomen uchi - Direkter Schlag zum Kopf, von oben herab

Yokomen uchi - Seitlicher Schlag zum Kopf

Die folgenden Angriffe sind Ushiro tori und enden hinter Toris Rücken. Bitte beachte für das Training, daß alle Ushiro tori Angriffe von vorne beginnen und hinter Toris Rücken enden.

Ushiro ryote dori - Zweihändiger Griff von hinten

Ushiro ryo kata dori - Zweihändiger Schultergriff von hinten

Ushiro katate kubishime - Griff kombiniert mit einem Würger von hinten

Ushiro kubishime - Würger von hinten

Ushiro tori - Umklammerung von hinten

Judan tsuki - Direkter Fauststoß zum Körper

Jodan tsuki - Direkter Fauststoß zum Kopf

Mae geri - Direkter Fußtritt

Yoko geri - Seitlicher Fußtritt

Mawashi geri - Halbkreistritt zum Kopf

Ura mawashi geri - Rückwärtiger Halbkreistritt

Aikido Technik Beispiele

Es gibt im Aikidorepertoire eine große Vielzahl von Techniken. Die folgenden Bilder zeigen einzelne Techniken in ihren typischen Momenten. Neben den mechanischen Aspekten jeder Technik gibt es viele zusätzliche Faktoren, die man beachten muß, um diese erfolgreich ausführen zu können. Diese sind im Kapitel "Technische Unterteilungen und Elemente" beschrieben. Beachte, daß dieses kein Ersatz für einen befähigten, kundigen Lehrer, der die Techniken präsentieren und erklären kann, ist.

Ikkyo - wird durch die Kontrolle von Ukes Arm ausgeführt.

Nikyo - wird durch einen Handgelenkshebel ausgeführt. Ukes Arm sollte sich in einer "S" Position befinden.

Sankyo - die dritte Technik wird durch einen Handgelenks-, Ellenbogen- und einen Schulterhebel ausgeführt.

Yonkyo - wird durch einen Druckpunkt am Unterarm ausgeführt.

Gokyo - dieser Gokyo (Bild 5). Die Technik wird durch die Kombination von fünf Bewegungen zur gleichen Zeit ausgeführt. Bild 6 zeigt die allgemein bekanntere Version der Gokyo Technik.

Entdecke Aikido Band 1

Kotegaeshi - Techniken, die durch einen Handgelenkshebel ausgeführt werden. Sie können als Wurf oder als Haltegriff ausgeführt werden.

Shiho nage - Vier Richtungswurf. Er kann mit oder ohne Gelenkhebel angesetzt werden.

Irimi nage - Eingangswurf

Yoko irimi - Seitlicher Eingangswurf

Sumi otoshi - Eckenwurftechnik. Sie wird durch Ellenbogen- und Handgelenkskontrolle ausgeführt.

Tai otoshi - Körpersturztechnik. Sie wird durch die Handgelenkskontrolle und den "Eintritt" unter Ukes Achsel ausgeführt.

Entdecke Aikido Band 1

Ude kime nage - Wurftechnik. Sie wird durch Ellenbogen- und Armdruck ausgeführt.

Ude kime osae - Haltetechnik. Sie wird durch Ellenbogen- und Armdruck ausgeführt.

Sudori nage - Eine Technik, bei der Tori unter Ukes Beine taucht.

Koshi nage - Hüftwurf

Tenchi nage - "Himmel und Erde" Technik, bei der Ukes Arme nach oben und nach unten ausgestreckt werden.

Juji garami - Kreuzwurf, bei dem Ukes Arme umeinander herum gewunden werden.

Kaiten nage - Radwurf. Ukes Arm wird als Hebel für den Wurf verwendet.

Aiki otoshi - Ist eine Technik, in der Ukes Beine vorwärts und nach oben gezogen werden.

Kokyu nage - Bedeutet "Atemkraftwurf". Es gibt viele verschiedene Kokyu nage Techniken. Das gemeinsame Element der Variationen besteht darin, daß Ukes Energie umgeleitet wird.

Die folgenden Techniken kombinieren zwei Techniken zu einer.

Nikyo irimi - Eine Kombination aus Nikyo und Irimi nage.

Shiho nage irimi - Eine Kombination aus Shiho nage und Irimi nage.

Shiho nage sankyo - Eine Kombination aus Shiho nage und Sankyo.

Ude kime koshi nage - Eine Kombination aus Ude kime nage und Koshi nage.

Kotegaeshi shiho nage #1 **Kotegaeshi shiho nage** #2
Eine Kombination aus Kotegaeshi und Shiho nage.

Entdecke Aikido Band 1

Suwari Waza

Suwari waza sind Techniken, die sitzend in Seiza trainiert werden. Kihons sind Grundtechniken. Sie sind für Studienzwecke und zum Verfeinern der Grundform gedacht. Kihon suwari waza Techniken werden in aufrechter Position trainiert. Die Partner sitzen sich gegenüber und ihre Knie berühren sich beinahe. Das Timing, welches in den Kihon Techniken verwendet wird, ist Sen no sen, das prä- ventive Timing, bei dem Tori die Technik vor Ukes Angriff beginnt. Im Idealfall sieht es so aus, als ob Tori und Uke in dem Moment, in dem Uke beabsichtigt anzugreifen, die Rollen vertauscht hätten, vorausgesetzt, das Timing wurde richtig angewendet.

Suwari waza · Kihon - Ikkyo

Beginne Jodan tsuki mit deiner rechten Hand. Uke antwortet mit einem rechten Unterarmblock (Bild 1-3). Lenke Ukes Block zur Seite und öffne gleichzeitig deine Knie. Beende die Ikkyo omote Technik (Bild 4-6). Am Ende führst du die Ikkyo Haltetechnik aus (Bild 7).

Suwari waza · Kihon - Nikyo omote

Beginne Jodan tsuki mit deiner rechten Hand. Uke antwortet mit einem rechten Unterarmblock (Bild 1-3). Übernimm die Kontrolle über Ukes Ellenbogen und setze einen Nikyo Haltegriff an Ukes rechter Hand an (Bild 4-6). Beende die Nikyo omote Technik (Bild 7). Führe den Nikyo omote Haltegriff durch leichtes Abwinkeln von Ukes Ellenbogen aus und drücke Ukes Handfläche nach innen und nach vorne (Bild 8).

Suwari waza · Kihon - Nikyo ura

Beginne Jodan tsuki mit deiner rechten Hand. Uke antwortet mit einem rechten Unterarmblock (Bild 2-3). Übernimm gleichzeitig die Kontrolle über Ukes rechten Unterarm. Setze den Nikyo ura Haltegriff an und gleite zurück (Bild 4-5). Bringe den Nikyo Haltegriff zu deinem oberen Brustbereich (etwas unterhalb deines Schlüsselbeins) und führe Nikyo ura aus (Bild 6-7). Zwischen Nikyo ura und dem Nikyo ura Haltehebel wird eine "Schraubzwinge" angesetzt; es ist die Druckausübung, bei der du den Nikyo Haltegriff und den Griff hinter Ukes Ellenbogen zusammen bringst (Bild 8). Von der "Zwingen-"position wendest du Uke zur Matte (Bild 9-10). Führe den Nikyo ura Abschlußhebel aus (Bild 11).

Suwari waza · Kihon - Sankyo

Beginne Jodan tsuki mit deiner rechten Hand. Uke antwortet mit einem rechten Unterarmblock (Bild 2-3). Übernimm mit deiner linken Hand die Kontrolle über Ukes Ellenbogen. Übernimm mit deiner rechten Hand Ukes Handfläche (Bild 4). Hebe den Griff an, indem du die Handfläche mit dem Sankyo gleichzeitig nach innen rotierst (Bild 5). Übernimm den Sankyo Griff mit deiner linken Hand. Nun bringst du Uke mit einem gleichmäßigen Schnitt zur Matte und schließt die Technik mit einem Sankyo Haltegriff ab (Bild 6-8).

Suwari waza · Kihon - Yonkyo

Beginne Jodan tsuki mit deiner rechten Hand. Uke antwortet mit einem rechten Unterarmblock (Bild 2-3). Übernimm mit deiner linken Hand die Kontrolle über Ukes Ellenbogen. Übernimm mit deiner rechten Hand Ukes rechtes Handgelenk (Bild 4). Füge deine linke Hand zu dem Griff auf Ukes rechten Unterarm hinzu und setze Yonkyo an (Bild 5). Yonkyo geht durch Ukes Zentrum in dein eigenes Zentrum. Die Bewegungsrichtung der Technik ist diagonal (Bild 6-7). Führe den Yonkyo Haltegriff aus (Bild 8).

Suwari waza · Kihon - Gokyo

Beginne Jodan tsuki mit deiner rechten Hand. Uke antwortet mit einem rechten Unterarmblock (Bild 2-3). Übernimm mit deiner linken Hand die Kontrolle über Ukes Ellenbogen. Übernimm mit deiner rechten Hand Ukes rechtes Handgelenk (Bild 4). Beginne die Ausführung des Gokyo durch Heranziehen von Ukes Arm zu deinem Zentrum und führe Ukes Arm gleichzeitig nach unten, nach oben, zurück und dann vorwärts (Bild 5-8).

Suwari waza · Kihon - Nanakyo

Beginne Jodan tsuki mit deiner rechten Hand. Uke antwortet mit einem rechten Unterarmblock (Bild 2-3). Übernimm mit deiner linken Hand die Kontrolle über Ukes Ellenbogen. Übernimm mit deiner rechten Hand Ukes rechte(s) Handfläche/Handgelenk. Bewege dich zur gleichen Zeit zurück (Bild 5-6). Führe Nanakyo aus, indem du Ukes Handfläche und Ukes Unterarm zusammendrückst. Bringe den Haltegriff nach unten und vorwärts (Bild 6-8).

Die folgenden Suwari waza Techniken werden in der Profilposition ausgeführt.

Suwari waza · Katate tori aihanmi - Ikkyo omote

Biete Uke deine rechte Hand zum Greifen an (Bild 1-2). Wenn Uke zugreift, absorbierst du Uke zu dir und in die Technik hinein. Führe Ikkyo omote durch Ukes Zentrallinie aus (Bild 3-8).

Suwari waza · Katate tori aihanmi - Ikkyo ura

Biete Uke deine rechte Hand zum Greifen an (Bild 1-2). Wenn Uke zugreift, drehst du dich nach hinten und führst gleichzeitig Ikkyo ura aus (Bild 3-8).

Suwari waza · Katate tori aihanmi - Nikyo omote

Biete Uke deine rechte Hand mit dem Daumen nach unten zum Greifen an (Bild 1-2). Wenn Uke zugreift, bringst du ihn nach vorne und übernimmst die Kontrolle über seinen Ellenbogen. Übernimm mit deiner rechten Hand Ukes rechte Hand und setze den Nikyo Haltegriff an (Bild 3-6). Beende die Nikyo omote Technik, indem du den gesamten Griff nach unten bringst (Bild 7-8). Zum Schluß führst du den Nikyo omote Haltegriff aus (Bild 9).

Suwari waza · Katate tori aihanmi - Nikyo ura

Biete Uke deine rechte Hand mit dem Daumen nach unten zum Greifen an (Bild 1-2). Winde deine rechte Hand um Ukes Handgelenk herum. Mit deiner linken Hand greifst du Ukes Griff und beendest die Nikyo ura Technik, die auf Ukes Zentrum gerichtet ist (Bild 3-6). Zum Schluß führst du den Nikyo Ura Haltegriff aus (Bild 7).

Suwari waza · Katate tori aihanmi - Sankyo omote

Biete Uke deine rechte Hand zum Greifen an (Bild 1-2). Wenn Uke versucht, dein Handgelenk zu greifen, übernimmst du Ukes Handfläche und rotierst sie in eine Sankyo Position (Bild 3-4). Dann übernimmst du mit deiner linken Hand Ukes Handgelenk und beendest die Sankyo omote Technik mit einem gleichmäßigen Schnitt nach unten (Bild 5-7). Zum Schluß setzt du einen Sankyo Haltegriff an (Bild 8).

Suwari waza · Katate tori aihanmi - Sankyo ura

Biete Uke deine rechte Hand zum Greifen an (Bild 1). Wenn Uke versucht, dein Handgelenk zu greifen, übernimmst du Ukes Handfläche und leitest den Griff in deine linke Hand (Bild 2-3). Gleite mit deiner rechten Hand auf Ukes Ellenbogen und bringe gleichzeitig den Sankyo Haltegriff zu deinem Oberschenkel (Bild 4). Wirf Uke nach hinten, indem du dein linkes Knie zur Seite öffnest (Bild 5). Bringe Uke nach vorne, indem du deine Position mit deinem linken Knie wieder schließt (Bild 6-7). Am Ende setzt du einen Sankyo Abschlußhebel an (Bild 8-10).

Suwari waza · Katate tori aihanmi - Yonkyo

Biete Uke deine rechte Hand mit dem Daumen nach unten zum Greifen an (Bild 1-2). Wenn Uke zugreift, wechselst du gleichzeitig deinen Profilstand. Übernimm mit der linken Hand Ukes Unterarm und beende die Yonkyo Technik (Bild 3-6). Zum Schluß setzt du einen Yonkyo Haltegriff an (Bild 7).

Suwari waza · Katate tori aihanmi - Kotegaeshi

Biete Uke deine linke Hand mit der Handfläche nach oben zum Greifen an. Wenn Uke zugreift, bewegst du dich gleichzeitig zurück. Führe mit deiner rechten Hand einen Atemi aus und übernimm Ukes linkes Handgelenk (Bild 1-3). Setze mit deiner linken Hand den Kotegaeshi an, indem du Ukes Handrücken runter und nach außen drückst (Bild 4-5). Wenn Uke fällt, gleitest du mit deiner linken Hand von Ukes Handgelenk zu seiner Ellenbogenbeuge (Bild 6). Nutze den Schwung aus und rotiere Uke in die abschließende Halteposition (Bild 8-9). Führe den Kotegaeshi Abschlußhebel aus (Bild 10).

Suwari waza · Katate tori gyakuhanmi - Nikyo ura

Biete Uke deine linke Hand zum Greifen an. In dem Moment, in dem Uke zugreift, öffnest du deine Position durch das seitliche Verschieben deines linken Knies. Führe einen Atemi mit deiner rechten Hand aus. Deine linke Hand ist geöffnet, die vier Fingern sind zusammen und der Daumen ist abgespreizt (Bild 2). Dieses erlaubt dir, Ukes Handgelenk zu übernehmen und Nikyo ura auszuführen (Bild 3-6). Schließe die Technik mit einer "Übergangszwinge" und einem Nikyo Haltehebel ab (Bild 7-10).

Suwari waza · Katate tori gyakuhanmi - Yonkyo omote

Biete Uke deine linke Hand zum Greifen an (Bild 1). In dem Moment, in dem Uke zugreift, befindet sich dein Unterarm beinahe in einer Kotegaeshi Position (Bild 2). Übernimm mit deiner linken Hand den Yonkyo Griff und führe mit deiner rechten Hand einen Atemi aus (Bild 3). Füge deine rechte Hand zu dem Griff auf Ukes Handgelenk hinzu und beende die Yonkyo Technik (Bild 4-8).

Suwari waza · Katate tori gyakuhanmi - Kotegaeshi

Biete Uke deine rechte Hand zum Greifen an (Bild 1). Wenn Uke zugreift, befindet sich dein Unterarm in einer Nikyo Position (Bild 2). Übernimm Ukes Handgelenk von oben und führe Kotegaeshi mit dem Abschlußhebel aus (Bild 3-10).

Suwari waza · Katate tori gyakuhanmi - Kotegaeshi shiho nage

Biete Uke deine rechte Hand zum Greifen an. Wenn Uke zugreift (Bild 1-2), hebst du den Griff auf deine Augenhöhe an, um Ukes Griff etwas zu lösen und um eine Öffnung im Griff zu erzeugen (Bild 3). Gleite mit deiner linken Hand in Ukes Griff hinein und übernimm seine Handfläche. Entferne deine rechte Hand aus Ukes Griff und übernimm seine Handfläche von oben (Bild 4-5). Beende Kotegaeshi shiho nage durch das schnelle Herunterbringen des Griffs (Bild 6-8).

Suwari waza · Shomen uchi - Ikkyo omote

Uke beginnt mit einem Shomen uchi Angriff (Bild 1-2). Übernimm die Kontrolle über Ukes Ellenbogen und sein Handgelenk. Bewege dich vorwärts und führe Ikkyo omote aus (Bild 2-8).

Suwari waza · Shomen uchi - Ikkyo ura

Uke beginnt mit einem Shomen uchi Angriff (Bild 1-2). Übernimm die Kontrolle über Ukes Ellenbogen und sein Handgelenk. Drehe dich um deine eigene Achse nach hinten und führe gleichzeitig Ikkyo ura aus (Bild 3-8).

Entdecke Aikido Band 1

Suwari waza · Shomen uchi - Nikyo omote

Uke beginnt mit einem Shomen uchi Angriff (Bild 1-2). Übernimm die Kontrolle über Ukes Ellenbogen und drücke ihn vorwärts. Mit deiner rechten Hand übernimmst du Ukes rechte Hand und schließt die Nikyo omote Technik ab (Bild 3-10).

Suwari waza · Shomen uchi - Nikyo ura

Uke beginnt mit einem Shomen uchi Angriff (Bild 1-2). Übernimm die Kontrolle über Ukes Unterarm und bewege dich zurück (Bild 3-4). Führe den Nikyo ura fort und schließe die Technik ab (Bild 6-10).

Suwari waza · Shomen uchi - Sankyo omote

Uke beginnt mit einem Shomen uchi Angriff (Bild 1-2). Übernimm die Kontrolle über Ukes rechten Ellenbogen und sein rechtes Handgelenk. Drücke Ukes Arm vorwärts, sodaß er sich in Kuzushi befindet (Bild 3-4). Während du noch immer Ukes Ellenbogen hälst, gleitest du mit deiner rechten Hand zu Ukes Handfläche (Bild 5). Mit deiner linken Hand greifst du in einen Sankyo Haltegriff um (Bild 6). Führe die Technik fort und schließe Sankyo omote ab (Bild 7-10).

Suwari waza · Shomen uchi - Sankyo ura

Uke beginnt mit einem Shomen uchi Angriff (Bild 1). Übernimm die Kontrolle über Ukes Handgelenk und seine Handfläche und bewege dich gleichzeitig zurück. Übernimm mit deiner linken Hand den Sankyo Griff (Bild 2-4). Gleite mit deiner rechten Hand zu Ukes Ellenbogen und führe den Sankyo Haltegriff auf deinen Oberschenkel herunter (Bild 5). Wirf Uke nach hinten, indem du dein Knie zur Seite öffnest (Bild 6). Schließe dein Knie und bringe Uke wieder nach vorne (Bild 7-8). Wechsel deine Hände im Sankyo Griff und schließe die Technik mit einem Sankyo Haltehebel ab (Bild 9-10).

Suwari waza · Shomen uchi - Kotegaeshi

Uke beginnt mit einem Shomen uchi Angriff (Bild 1). Greife Ukes Handgelenk und gleite gleichzeitig zurück (Bild 2-3). Ziehe Uke vorwärts, um Kotegaeshi auszuführen (Bild 4-6). Beende Kotegaeshi, indem du Uke mit dem Gesicht nach unten auf die Matte drehst und einen Kotegaeshi Abschlußhebel ausführst (Bild 7-10).

Suwari waza · Shomen uchi - Kaiten nage

Uke beginnt mit einem Shomen uchi Angriff (Bild 1-2). Blende mit deinem rechten Arm in den Angriff, nimm die Verbindung zu Ukes Ellenbogenbereich auf und lasse deinen Arm nach unten sinken. Bewege dich gleichzeitig zurück (Bild 3-4). Mit deinem linken Unterarm kontrollierst du weiterhin Ukes Ellenbogen bis der Shomen uchi unten angekommen ist. Führe mit deiner rechten Hand einen Atemi aus und übernimm die Kontrolle über Ukes Nacken (Bild 5-6). Führe Kaiten nage aus, indem du Ukes Nacken und Ukes rechten Ellenbogen vorwärts drehst (Bild 7-9).

Suwari waza · Shomen uchi - Ude kime nage

Uke beginnt mit einem Shomen uchi Angriff. Blende mit deinem rechten Arm in den Angriff und übernimm sofort die Kontrolle über Ukes Handfläche. Übernimm mit deiner linken Hand die Kontrolle über Ukes Ellenbogen und gleite gleichzeitig zurück (Bild 1-4). Führe Ude kime nage aus, indem du Ukes Ellenbogen nach vorne drückst während du gleichzeitig seine Handfläche festhälst (Bild 5-8).

Suwari waza · Katate ryote dori - Kokyu ho #1

Kokyu ho wird in sitzender Position unter Verwendung eines Ryote dori Griffs trainiert (Bild 1). Wenn Uke dabei ist, deine beiden Hände zu greifen, hebst du deinen rechten Arm und senkst gleichzeitig deinen linken, um Uke in Kuzushi zu bringen (Bild 2). Bringe deinen linken Arm zu deiner linken Hüfte, und mit deiner rechten Hand drückst du gegen Ukes Schulter (Bild 3). Uke rollt zur Seite während er noch dein Handgelenk festhält. Wenn Uke in Seiza zurückkehrt, bietest du ihm deine rechte Hand auf seiner Zentrallinie an. Das zwingt Uke dazu, deine Hand zu greifen und er vermeidet, mit einem Schlag getroffen zu werden (Bild 4-5). Wenn Uke fast in Seiza zurück gekehrt ist, beginnst du Meguri mit deinem rechten Unterarm und führst Kokyu ho yoko irimi aus (Bild 6-12).

Suwari waza · Katate ryote dori - Kokyu ho #2

Uke beginnt mit dem Herunterdrücken des Ryote dori Griffs (Bild 1-2). Entspanne deine Unterarme und ziehe deine Ellenbogen zurück (Bild 3-5). Sobald du deine Arme zu deinem Oberkörper gebracht hast, bewegst du dich etwas nach oben, drückst Uke nach hinten und lässt deine Arme nach vorne folgen (Bild 6-8).

Suwari waza · Katate ryote dori - Kokyu ho #3

Uke beginnt mit dem Herunterdrücken des Ryote dori Griffs (Bild 1-2). Schließe deine Hände und wende deine Handflächen so, daß sie zu dir zeigen. Bringe gleichzeitig deine Ellenbogen auf deiner Zentrallinie zusammen. Das führt dazu, daß Uke nach oben geht und seine Arme streckt (Bild 3-6). Sobald Uke sich in Kuzushi befindet, streckst du deine Arme und drückst Uke nach hinten (Bild 7-10).

Hanmi Handachi Waza

Hanmi handachi waza sind Techniken, in denen sich Tori in Seiza befindet und Uke stehend angreift. Auf Grund von Toris begrenzter Bewegungsfreiheit muss bei der Ausführung der Techniken besondere Aufmerksamkeit darauf verwendet werden, Sayo undo, Mune hineri und Meguri Elemente in den Bewegungsablauf zu integrieren.

Hanmi handachi waza · Katate tori gyakuhanmi - Nikyo ura

Biete Uke deine linke Hand zum Greifen an. Wenn Uke sich nähert und zugreift, ziehst du deinen Unterarm auf deine Zentrallinie und absorbierst Uke vorwärts (Bild 1-3). Sobald Uke nach vorne gezogen wurde, führst du einen Judan atemi aus, um Uke nach außen zu bewegen/zu drücken (Bild 4-5). Übernimm Ukes Handgelenk und führe Nikyo ura aus (Bild 6-9). Schließe die Technik mit der Nikyo "Zwinge" und dem Nikyo Haltehebel ab (Bild 10-12).

Hanmi handachi waza · Katate tori gyakuhanmi - Sankyo omote

Biete Uke deine linke Hand zum Greifen an. Wenn Uke sich nähert und zugreift, ziehst du deinen Unterarm auf deine Zentrallinie und absorbierst Uke vorwärts (Bild 1-3). Sobald Uke nach vorne gezogen wurde, führst du einen Judan atemi aus, um Uke nach außen zu bewegen (Bild 4-5). Übernimm Ukes Handgelenk, setze den Sankyo Haltegriff an und führe Sankyo omote aus. Beende die Technik mit dem Sankyo Haltegriff (Bild 6-12).

Hanmi handachi waza · Katate tori gyakuhanmi - Kotegaeshi

Biete Uke deine linke Hand mit der Handfläche nach oben zum Greifen an (Bild 1-2). Im Moment der Verbindung sollte deine Hand mit dem Daumen nach unten zeigen und dein Daumen sollte sich über Ukes Handgelenk befinden. Dieses erlaubt dir, Ukes Handgelenk sofort zu übernehmen (Bild 3-4). Ziehe Uke vorwärts in Kuzushi (Bild 5). Ändere die Richtung und führe Kotegaeshi aus (Bild 6-11).

Hanmi handachi waza · Katate tori gyakuhanmi - Shiho nage

Biete Uke deine linke Hand zum Greifen an (Bild 1-2). Im Moment der Verbindung sollte deine Hand mit dem Daumen nach unten zeigen, so daß sich deine Handfläche und Ukes Handfläche berühren (Bild 3). Bringe Uke zu deinem Zentrum herunter. Mit deinen beiden Hände setzt du nun den Shiho nage Griff an (Bild 4). Bringe Uke mit einem Handgelenks- und einem Ellenbogenhebel hinter deinen Rücken und führe Shiho nage aus (Bild 5-11).

Entdecke Aikido Band 1

Hanmi handachi waza · Katate tori gyakuhanmi - Sumi otoshi

Biete Uke deine linke Hand zum Greifen an (Bild 1-2). Im Moment der Verbindung absorbierst du Uke vorwärts (Bild 3-4). Wenn Uke sich vor dir befindet, öffnest du deinen linken Arm geschwind zur Seite und platzierst deine rechte Hand in Ukes rechte Ellenbogenbeuge (Bild 5-6). Beende die Sumi otoshi Technik, indem du Ukes Ellenbogen in einer großen Kreisbewegung nach außen drückst (Bild 7-11).

Hanmi handachi waza · Katate tori gyakuhanmi - Kokyu nage #1

Biete Uke deine linke Hand zum Greifen an (Bild 1-2). Wenn Uke zugreift, bringst du deinen Ellenbogen auf deine Zentrallinie und absorbierst Uke vorwärts. Führe die Technik weiter, indem du den Griff ganz auf die andere Seite ziehst (Bild 3-4). Wenn Uke an dir vorbei geht, führst du einen Meguri aus und beendest die Kokyu nage Technik (Bild 5-9).

Entdecke Aikido Band 1

Hanmi handachi waza · Katate tori gyakuhanmi - Kokyu nage #2

Biete Uke deine rechte Hand zum Greifen an (Bild 1-2). Wenn Uke sich nähert und zugreift, ziehst du den Griff hoch und nach vorne. Zur gleichen Zeit führst du mit deiner linken Hand einen Atemi auf Ukes Zentrallinie aus (Bild 4-5). Bringe deine rechte Hand nach unten und drücke mit deinem linken Unterarm in Ukes Ellenbogenbeuge, was ihn in Vorwärtsrichtung bringt (Bild 6-11).

Hanmi handachi waza · Katate tori aihanmi - Sankyo omote

Biete Uke deine rechte Hand zum Greifen an. Im Moment der Verbindung sollte sich deine Hand in einer Sankyo Position befinden (Bild 1-2). Weiche zurück und wechsel deinen Profilstand. Greife mit deiner linken Hand in den Sankyo Griff um (Bild 3-4). Führe den Sankyo aus, indem du den Hebel nach unten führst (Bild 5-8). Setze den Sankyo Haltegriff an (Bild 9-10).

Hanmi handachi waza · Ryote dori - Kotegaeshi

Biete Uke beide Hände zum Greifen an (Bild 1). Bevor Uke zugreift, ziehst du deine linke Hand zurück. Mit deiner rechten Hand leitest du Ukes Unterarm um (Bild 2-3). Übernimm mit deiner linken Hand Ukes rechtes Handgelenk, ziehe es vorwärts und führe Kotegaeshi aus (Bild 4-10).

Hanmi handachi waza · Ryote dori - Sumi otoshi

Biete Uke beide Hände zum Greifen an (Bild 1-2). Wenn Uke sich nähert und zugreift, absorbierst du Uke, indem du deine linke Hand auf deine Zentrallinie zurückziehst. Platziere deine rechte Hand in Ukes rechte Ellenbogenbeuge und führe Sumi otoshi aus (Bild 3-5).

Hanmi handachi waza · Ryote dori - Juji garami

Biete Uke beide Hände zum Greifen an (Bild 1). Wenn Uke sich nähert und zugreift, übernimmst du mit deiner linken Hand Ukes linkes Handgelenk. Mit deiner rechten Hand übernimmst du Ukes rechtes Handgelenk (Bild 2-3). Winde Ukes rechten Arm um seinen linken herum und drücke den Armhebel vorwärts. Beende die Juji garami Technik (Bild 4-9).

Hanmi handachi waza · Ryote dori - Kokyu nage #1

Biete Uke beide Hände zum Greifen an (Bild 1). Bevor Uke fest zugreifen kann, absorbierst du Uke vorwärts und nach oben, sodaß er sich in Kuzushi befindet (Bild 2-4). Bringe deine Arme geschwind in einer halbkreisförmigen Bewegungslinie nach unten und führe Kokyu nage aus (Bild 5-9).

Hanmi handachi waza · Ryote dori - Kokyu nage #2

Eine weitere Form des Kokyu nage aus Ryote dori wird so ausführt, indem du Uke nach vorne und nach unten absorbierst (Bild 1-5). Anschließend wechselst du die Richtung wieder nach oben und drückst Uke nach außen (Bild 6-10).

Hanmi handachi waza · Ryote dori - Kokyu nage #3

Biete Uke beide Hände zum Greifen an (Bild 1-2). Wenn Uke sich nähert und zugreift, leitest du ihn mit deiner linken Hand hinter deinen Rücken um (Bild 3-4). Ziehe Uke mit deinem rechten Arm vorwärts und führe Kokyo nage aus (Bild 5-8).

Hanmi handachi waza · Ryote dori - Kokyu nage #4

Biete Uke beide Hände zum Greifen an. Wenn Uke sich nähert und zugreift, ziehst du ihn mit beiden Händen nach oben und dabei beinahe auf dich selbst (Bild 1-5). Um eine direkte Kollision zu vermeiden, lehnst du dich nach vorne und zur Seite. Bringe deine Hände gleichzeitig hinter deinen Rücken und beende die Kokyu nage Technik (Bild 6-9).

Hanmi handachi waza · Ushiro ryote dori - Kotegaeshi

Biete Uke deine linke Hand an, um in Katate tori aihanmi zu greifen. Im Moment der Verbindung ziehst du Uke zur Seite und nach hinten (Bild 1-3). Wenn Uke sich hinter deinem Rücken befindet, bietest du Uke deine rechte Hand mit der Handfläche nach oben zum Greifen an (Bild 4-5). Wenn Uke dein Handgelenk greift, beginne mit Meguri in der Nikyo Position und bringe Uke nach vorne (Bild 6-8). Übernimm Ukes rechtes Handgelenk und beende die Kotegaeshi Technik (Bild 9-12).

Hanmi handachi waza · Ushiro ryote dori - Juji garami

Biete Uke deine linke Hand an, um in Katate tori aihanmi zu greifen. Im Moment der Verbindung ziehst du Uke zur Seite und nach hinten (Bild 1-2). Wenn Uke sich hinter deinem Rücken befindet, bietest du Uke deine rechte Hand zum Greifen an (Bild 3-4). Bringe deine rechte Hand nach unten und übernimm Ukes rechtes Handgelenk. Mit deiner linken Hand übernimmst du Ukes linkes Handgelenk (Bild 5). Winde Ukes rechten Arm um seinen linken Arm herum und beende die Juji garami Technik (Bild 6-10).

Hanmi handachi waza · Ushiro ryote dori - Kokyu nage

Biete Uke deine linke Hand an, um in Katate tori aihanmi zu greifen. Im Moment der Verbindung ziehst du Uke zur Seite und nach hinten (Bild 1-3). Wenn Uke sich hinter deinem Rücken befindet, bietest du ihm deine rechte Hand auf seiner Zentrallinie zum Greifen an (Bild 4). Wenn Uke zugreift, ziehst du ihn mit deinen beiden Armen vorwärts und beendest die Kokyu nage Technik (Bild 5-10).

Entdecke Aikido Band 1

Hanmi handachi waza · Ushiro ryo kata dori - Kokyu nage

Biete Uke deine linke Schulter an, um sie mit seiner linken Hand zu greifen (Bild 1-2). Im Moment der Verbindung ziehst du Uke zur Seite und nach hinten, indem du deinen linken Arm auf Ukes linken Arm drückst und deinen Oberkörper zur Seite drehst (Bild 3-4). Wenn Uke versucht, deine zweite Schulter zu greifen, lehnst du dich nach vorne, so, als ob du dich verneigen möchtest, und führst Kokyu nage aus (Bild 5-10).

Katate Tori Aihanmi

Tachi waza sind Techniken im Stehen. Sie bilden das populärste Segment im Aikidorepertoire.

Tachi waza · Katate tori aihanmi - Kotegaeshi

Biete Uke deine rechte Hand mit der Handfläche nach oben zum Greifen an (Bild 1-2). Wenn Uke sich nähert und zugreift, gehst du einen Schritt zurück. Führe mit deiner linken Hand einen Atemi aus und übernimm Ukes Handgelenk. Ziehe Uke vorwärts in Kuzushi und beende die Kotegaeshi Technik (Bild 3-10).

Tachi waza · Katate tori aihanmi - Ikkyo omote

Biete Uke deine linke Hand mit dem Daumen nach unten zum Greifen an. Wenn Uke sich nähert, um deine Hand zu greifen, bewegst du dich zurück und weichst dabei von der Linie (Bild 1-3). Im Moment der Verbindung absorbierst du Uke weiter in die Technik hinein und übernimmst sein Handgelenk. Übernimm mit deiner rechten Hand die Kontrolle über Ukes Ellenbogen, gehe vorwärts in die Technik hinein und beende die Ikkyo omote Technik (Bild 4-9).

Tachi waza · Katate tori aihanmi - Ikkyo ura

Biete Uke deine linke Hand zum Greifen an. Wenn Uke sich nähert, um deine Hand zu greifen, gehst du einen Schritt zurück und hebst deine linke Hand. Wenn Uke zugreift, übernimmst du sein Handgelenk und seinen Ellenbogen und beginnst, dich um deine eigene Achse zu drehen (Bild 1-4). Setze die Drehung fort, lasse dich in Seiza nieder und beende die Ikkyo ura Technik (Bild 5-10).

Tachi waza · Katate tori aihanmi - Nikyo omote

Biete Uke deine linke Hand mit dem Daumen nach unten zum Greifen an. Wenn Uke sich nähert, bewegst du dich zurück und weichst dabei von der Linie (Bild 1-3). Wenn Uke zugreift, übernimmst du mit deiner rechten Hand die Kontrolle über seinen Ellenbogen und gehst vorwärts in die Technik hinein (Bild 4). Übernimm mit deiner linken Hand Ukes linke Handfläche und setze einen Nikyo Haltegriff an (Bild 5-6). Beende die Nikyo omote Technik in einer kreisförmigen Abwärtsbewegung (Bild 6-9). Führe anschließend einen Nikyo omote Haltegriff aus (Bild 10).

Entdecke Aikido Band 1

Tachi waza · Katate tori aihanmi - Nikyo ura

Biete Uke deine rechte Hand mit dem Daumen nach unten zum Greifen an (Bild 1-2). Wenn Uke zugreift, windest du gleichzeitig deine rechte Hand um Ukes Handgelenk herum und legst deine linke Hand über Ukes Griff (Bild 3-4). Erhöhe die Griffspannung um Ukes Handgelenk und führe Nikyo ura aus (Bild 5-8).

Tachi waza · Katate tori aihanmi - Sankyo omote

Biete Uke deine linke Hand in einer Sankyo Position zum Greifen an (Bild 1-2). Wenn Uke sich nähert, übernimmst du seine Handfläche und gehst gleichzeitig einen Schritt zurück. Mit deiner rechten Hand greifst du nun auf Ukes Handgelenk um (Bild 3-5). Bewege dich zurück während du gleichzeitig den Sankyo Haltegriff geschwind nach unten bringst (Bild 6-9). Beende den Sankyo Haltehebel stehend (Bild 10).

Tachi waza · Katate tori aihanmi - Sankyo ura

Biete Uke deine rechte Hand in einer Sankyo Position zum Greifen an (Bild 1-2). Wenn Uke sich nähert, übernimmst du seine Handfläche mit deiner rechten Hand und greifst anschließend mit deiner linken Hand um. Übernimm mit deiner rechten Hand Ukes Ellenbogen, lasse dich in die Halbposition nieder und platziere Ukes Handfläche auf dein linkes Knie (Bild 3-6). Bewege deinen linken Fuß zur Seite ohne Ukes Hand von deinem Knie zu nehmen und drücke Uke zurück. Bringe Uke mit dir nach vorne wenn du dich in Seiza setzt. Beende die Technik mit einem Sankyo ura Abschlußhebel (Bild 7-10).

Tachi waza · Katate tori aihanmi - Yonkyo

Biete Uke deine rechte Hand zum Greifen an (Bild 1-2). Wenn Uke sich nähert und zugreift, bewegst du dich zurück. Übernimm Ukes Handgelenk und füge gleichzeitig deine linke Hand zu dem Griff auf Ukes Unterarm hinzu. Gehe einen Schritt vorwärts (Bild 3-5). Führe den Yonkyo in einer diagonalen Bewegungslinie aus und beende die Technik mit dem Yonkyo Haltegriff (Bild 6-9).

Tachi waza · Katate tori aihanmi - Gokyo

Biete Uke deine linke Hand in einer überbetonten Sankyo Position zum Greifen an (Bild 1-2). Wenn Uke sich nähert, streckst du deinen linken Unterarm in Meguri aus, gehst einen Schritt zurück und übernimmst mit deiner rechten Hand Ukes Ellenbogen (Bild 3-5). Führe Gokyo aus (Bild 6-10). Dieser Gokyo ähnelt einer spiralförmigen "Vakuumröhre" oder einem "Trichter", in den Uke sprichwörtlich hineingesaugt wird.

Tachi waza · Katate tori aihanmi - Shiho nage

Biete Uke deine linke Hand mit der Handfläche nach oben zum Greifen an (Bild 1). Wenn Uke sich nähert und zugreift, bewegst du dich zurück während du sein Handgelenk übernimmst. Ziehe Uke weiter in die Technik hinein und füge deine rechte Hand zu dem Griff hinzu (Bild 2-3). Nutze den Schwung aus, um Uke nach hinten und hinter deinen Rücken zu bringen. Strecke Ukes Arm aus und beende die Shiho nage Technik durch Herunterbringen des Wurfs. Richte den Wurf dabei nach vorne (Bild 6-9).

Entdecke Aikido Band 1

Tachi waza · Katate tori aihanmi - Irimi nage

Biete Uke deine rechte Hand mit der Handfläche nach oben zum Greifen an. Wenn Uke sich nähert, bewegst du dich zurück (Bild 1-3). Wenn Uke sich auf kurze Distanz angenähert hat, bewegst du dich vorwärts. Dringe mit deinem rechten Unterarm auf Ukes Zentrallinie ein und führe Irimi nage aus (Bild 4-8).

Tachi waza · Katate tori aihanmi - Yoko irimi

Biete Uke deine rechte Hand zum Greifen an. Wenn Uke sich nähert, gehst du einen Schritt zurück und weichst dabei von der Linie. Bringe deinen linken Arm gleichzeitig in einer kreisförmigen Bewegung vor Ukes Gesicht (Bild 1-4). Ziehe Uke mit deiner rechten Hand vorwärts in die Technik hinein. Strecke gleichzeitig deinen rechten Arm auf Ukes Zentrum gerichtet aus und beende die Yoko irimi Technik (Bild 5-8).

Tachi waza · Katate tori aihanmi - Sumi otoshi #1

Biete Uke deine rechte Hand mit dem Daumen nach unten zum Greifen an (Bild 1). Wenn Uke zugreift, übernimmst du mit deiner linken Hand Ukes rechtes Handgelenk. Setze einen Yonkyo Griff an und drehe dich um deine eigene Achse (Bild 2-4). Behalte den Yonkyo Griff bei, wenn Uke sich um dich herum bewegt, und führe mit deiner rechten Hand einen Atemi aus (Bild 5). Gleite mit deiner rechten Hand in Ukes Ellenbogenbeuge und beende die Sumi otoshi Technik (Bild 6-9).

Tachi waza · Katate tori aihanmi - Sumi otoshi #2

Biete Uke deine linke Hand mit der Handfläche nach oben zum Greifen an (Bild 1). Wenn Uke sich nähert und zugreift, ziehst du ihn mit Meguri vorwärts, nach oben und zur Seite (Bild 1-3). Sobald Uke sich in Kuzushi befindet, beendest du die Sumi otoshi Technik (Bild 4-8).

Tachi waza · Katate tori aihanmi - Tai otoshi

Biete Uke deine rechte Hand mit dem Daumen nach unten zum Greifen an (Bild 1). Wenn Uke zugreift, übernimmst du mit deiner linken Hand Ukes rechtes Handgelenk. Setze einen Yonkyo Griff an und drehe dich um deine eigene Achse (Bild 2-3). Wenn Uke dir folgt, behälst du den Yonkyo Griff bei und streckst seinen Arm zur Seite aus. Platziere deinen Arm in und unter Ukes rechte Achsel während du dich vorwärts bewegst. Beende die Tai otoshi Technik (Bild 4-9).

Tachi waza · Katate tori aihanmi - Ude kime nage omote

Biete Uke deine rechte Hand mit der Handfläche nach oben zum Greifen an (Bild 1). Wenn Uke sich nähert und zugreift, übernimmst du sein Handgelenk und bewegst dich zurück. Bringe Uke nahe an dich heran und positioniere ihn neben dir (Bild 2-4). Platziere deinen linken Arm unter und gegen Ukes Arm und beende die Ude kime nage omote Technik (Bild 5-7).

Tachi waza · Katate tori aihanmi - Ude kime nage ura

Biete Uke deine rechte Hand mit der Handfläche nach oben zum Greifen an (Bild 1). Wenn Uke sich nähert und zugreift, übernimmst du sein Handgelenk, gehst einen Schritt zurück und ziehst Uke vorwärts (Bild 2-3). Platziere deinen linken Arm unter und gegen Ukes Arm und beende die Ude kime nage ura Technik (Bild 4-8).

Tachi waza · Katate tori aihanmi - Ude kime osae

Biete Uke deine rechte Hand mit dem Daumen nach unten zum Greifen an (Bild 1). Gehe einen Schritt zurück und setze kurzfristig einen Ikkyo Haltegriff an (Bild 2-3). Winde nun deinen linken Arm über Ukes rechten Arm (Bild 4). Führe Ude kime osae durch Druck auf Ukes Ellenbogen und durch die gleichzeitige Rotation deiner Hüften zur Seite aus (Bild 5-8).

Tachi waza · Katate tori aihanmi - Koshi nage

Biete Uke deine rechte Hand zum Greifen an (Bild 1). Im Moment der Verbindung sollte sich deine Hand in einer Sankyo Position befinden (Bild 2). Gehe einen Schritt zurück und ziehe Uke nach oben und auf dich herauf. Führe zur gleichen Zeit mit deiner linken Hand einen Atemi aus, beuge deine Knie und lade Uke auf deine Hüften auf (Bild 3-6). Richte dich wieder auf und führe Koshi nage aus (Bild 7-9).

Tachi waza · Katate tori aihanmi - Kaiten nage

Biete Uke deine rechte Hand mit der Handfläche nach oben zum Greifen an (Bild 1). Wenn Uke zugreift, übernimmst du mit deiner linken Hand Ukes rechtes Handgelenk. Setze einen Yonkyo Griff an und drehe dich um deine eigene Achse (Bild 2-3). Wenn Uke dir folgt und um dich herum kommt, führst du mit deiner rechten Hand einen Atemi aus. Gehe unter Ukes rechten Arm hindurch (Bild 4-7). Gehe einen Schritt zurück, ziehe Uke nach unten und übernimm gleichzeitig die Kontrolle über Ukes Nacken (Bild 8-9). Bringe Ukes rechten Arm nach oben und beende die Kaiten nage Technik (Bild 11-12).

Tachi waza · Katate tori aihanmi - Nikyo irimi

Biete Uke deine rechte Hand mit der Handfläche nach unten zum Greifen an. Wenn Uke sich nähert und zugreift, bewegst du dich zurück. Absorbiere Uke und führe ihn mit Meguri in die Technik hinein (Bild 1-5). Mit deinem rechten Unterarm schließt du Ukes Zentrallinie und beendest die Nikyo irimi Technik (Bild 6-8).

Tachi waza · Katate tori aihanmi - Shiho nage irimi

Biete Uke deine rechte Hand mit der Handfläche nach oben zum Greifen an (Bild 1). Wenn Uke sich nähert und zugreift, gleitest du zurück. Drehe deine Handfläche nach oben. Rotiere mit deiner rechten Hand von innen nach außen um Ukes Unterarm herum und ziehe Uke unter deinen rechten Arm in die Technik hinein (Bild 2-4). Bringe Uke nach hinten und beende die Shiho nage irimi Technik (Bild 5-8).

Tachi waza · Katate tori aihanmi - Kokyu nage

Biete Uke deine rechte Hand mit der Handfläche nach unten zum Greifen an. Bevor Uke zugreifen kann, beginnst du, einen Schritt nach hinten zu gehen. Hebe gleichzeitig deine rechte Hand an (Bild 1-3). Wenn Uke gerade dabei ist, an dir vorbei zu gehen, platzierst du deine linke Hand auf seinen Trizeps, drückst ihn vorwärts und führst Kokyu nage aus (Bild 4-8).

Katate Tori Gyakuhanmi

Tachi waza · Katate tori gyakuhanmi - Nikyo ura

Biete Uke deine linke Hand mit dem Daumen nach oben zum Greifen an (Bild 1). Wenn Uke zugreift, öffnest du den Griff zur Seite. Führe mit deiner rechten Hand einen Atemi aus und bewege Uke von der Linie (Bild 2-3). Übernimm mit deiner linken Hand Ukes Handgelenk. Führe Nikyo ura aus und lasse dich gleichzeitig in Seiza nieder (Bild 4-8). Setze einen "Zwingenhebel" an und beende die Technik mit dem Nikyo ura Abschlußhebel (Bild 9-12).

Tachi waza · Katate tori gyakuhanmi - Sankyo omote

Biete Uke deine linke Hand zum Greifen an (Bild 1). Wenn Uke zugreift, öffnest du den Griff zur Seite. Führe mit deiner rechten Hand einen Atemi aus und bewege Uke von der Linie (Bild 2-3). Greife Ukes Handgelenk und übernimm die Kontrolle über den Sankyo Griff (Bild 4-6). Führe die Sankyo Technik fort, indem du dich zurück und gleichzeitig zur Seite bewegst (Bild 7-9). Beende den Sankyo Abschlußhebel im Stehen (Bild 10).

Entdecke Aikido Band 1

Tachi waza · Katate tori gyakuhanmi - Yonkyo

Biete Uke deine linke Hand mit der Handfläche nach oben zum Greifen an. Im Moment der Verbindung sollte deine Handfläche beinahe die Kotegaeshi Position angenommen haben. Übernimm Ukes Handgelenk und öffne den Griff zur Seite. Führe mit deiner rechten Hand einen Atemi aus (Bild 1-3). Kontrolliere mit deinen beiden Händen den Yonkyo Griff und beende die Technik in einer diagonalen Bewegungslinie (Bild 4-8). Beende den Yonkyo Abschlußhebel im Stehen (Bild 9).

Tachi waza · Katate tori gyakuhanmi - Kotegaeshi

Biete Uke deine linke Hand mit der Handfläche nach oben zum Greifen an. Im Moment der Verbindung sollte deine Hand mit dem Daumen nach unten zeigen und dein Daumen sollte sich über Ukes Handgelenk befinden (Bild 1-2). Übernimm Ukes Handgelenk, ziehe Uke vorwärts in Kuzushi und führe Kotegaeshi aus (Bild 3-9).

Tachi waza · Katate tori gyakuhanmi - Shiho nage

Biete Uke deine linke Hand mit dem Daumen nach unten zum Greifen an. Wenn Uke sich nähert und zugreift, bewegst du dich zurück. Übernimm Ukes Handfläche/Handgelenk und ziehe sie/es zu deinem Zentrum (Bild 1-3). Füge deine rechte Hand zu dem Griff hinzu, arretiere Ukes Arm und führe ihn hinter deinen Rücken (Bild 4-6). Winkel Ukes Arm an und beende die Shiho nage Technik (Bild 7-10).

Tachi waza · Katate tori gyakuhanmi - Irimi nage

Biete Uke deine linke Hand zum Greifen an. Wenn Uke sich nähert und versucht, deine Hand zu greifen, gleitest du zurück und winkelst deinen linken Arm an bevor Uke ihn greifen kann (Bild 1-3). Wenn Uke in voller Geschwindigkeit auf dich zu kommt, gehst du einen Schritt vorwärts. Dringe mit deiner rechten Handfläche auf Ukes Zentrallinie ein und führe Irimi nage aus (Bild 4-7).

Tachi waza · Katate tori gyakuhanmi - Yoko irimi

Biete Uke deine linke Hand mit der Handfläche nach unten zum Greifen an. Wenn Uke sich nähert, bewegst du dich zurück und weichst dabei von der Linie. Führe deinen Arm zu deinem Zentrum und absorbiere Uke vorwärts (Bild 1-4). Wenn Uke an dir vorbei geht, streckst du deinen Arm auf Ukes Zentrallinie aus und beendest die Yoko irimi Technik (Bild 5-8).

Tachi waza · Katate tori gyakuhanmi - Tai otoshi

Biete Uke deine rechte Hand zum Greifen an (Bild 1). Wenn Uke sich nähert und zugreift, gehst du einen Schritt zurück und bringst deinen Arm zu deinem Zentrum (Bild 1-3). Gehe einen Schritt vorwärts und platziere gleichzeitig deinen linken Arm in und unter Ukes linke Achsel. Beende die Tai otoshi Technik (Bild 4-10).

Entdecke Aikido Band 1

Tachi waza · Katate tori gyakuhanmi - Koshi nage

Biete Uke deine rechte Hand mit dem Daumen nach oben zum Greifen an. Wenn Uke sich nähert und zugreift, gehst du einen Schritt zurück und ziehst deine rechte Hand zu deinem Zentrum. Führe mit deiner linken Hand einen Atemi aus (Bild 1-2). Beuge deine Knie und lade Uke auf deine Hüften auf. Richte dich wieder auf und beende die Koshi nage Technik (Bild 3-9).

Tachi waza · Katate tori gyakuhanmi - Kaiten nage

Biete Uke deine linke Hand zum Greifen an. Im Moment der Verbindung öffnest du den Griff zur Seite und führst mit deiner rechten Hand einen Atemi aus (Bild 1-3). Nun ziehst du Uke in einer kreisförmigen Bewegung deines linken Unterarms vorwärts und zur Matte hinunter. Übernimm mit deiner rechten Hand die Kontrolle über Ukes Nacken. Während du seinen Nacken runter hälst, bringst du Ukes Arm nach oben (Bild 4-7). Gehe einen Schritt vorwärts in die Technik hinein und drücke gleichzeitig Ukes Arm nach vorne. Beende die Kaiten nage Technik (Bild 8-9).

Tachi waza · **Katate tori gyakuhanmi - Kotegaeshi shiho nage**

Biete Uke deine rechte Hand mit der Handfläche nach unten zum Greifen an. Im Moment der Verbindung sollte deine Handfläche nach oben zeigen (Bild 1-2). Hebe deinen Unterarm auf Augenhöhe an. Dieses lockert Ukes Griff und kreiert eine Lücke. Gleite mit deiner linken Hand in Ukes Griff hinein und übernimm seine Handfläche. Löse deine rechte Hand vom Griff und greife auf Ukes Handfläche um (Bild 3-5). Beende die Kotegaeshi shiho nage Technik, indem du den Griff in einer kreisförmigen Bewegungslinie geschwind herunter bringst (Bild 6-10).

Tachi waza · Katate tori gyakuhanmi - Kokyu nage #1

Biete Uke deine rechte Hand zum Greifen an (Bild 1). Wenn Uke sich nähert und zugreift, gehst du einen Schritt zurück und führst mit deiner linken Hand einen Atemi aus (Bild 2-3). Führe die Technik fort, indem du Uke weiter nach vorne ziehst und dabei von der Linie weichst. Drehe dich nun herum und positioniere dich unter Ukes Arm (Bild 4-5). Projiziere den Wurf vorwärts und beende die Kokyu nage Technik (Bild 6-8).

Tachi waza · Katate tori gyakuhanmi - Kokyu nage #2

Biete Uke deine linke Hand mit der Handfläche nach unten zum Greifen an (Bild 1). Wenn Uke sich nähert und zugreift, gleitest du von der Linie und hebst gleichzeitig deinen linken Ellenbogen und deinen Unterarm an. Bringe deinen Arm nach vorne (Bild 2-3). Sobald Uke sich in Kuzushi befindet, gehst du einen Schritt vorwärts und beendest die Kokyu nage Technik (Bild 4-9).

Katate Ryote Dori

Tachi waza · Katate ryote dori - Ikkyo omote

Biete Uke deine linke Hand zum Greifen an (Bild 1). Wenn Uke sich nähert und zugreift, solltest du dich bereits nach außen und um deine eigene Achse drehen (Bild 2-3). Wenn Uke dir folgt und um dich herum kommt, übernimmst du sein linkes Handgelenk und seinen linken Ellenbogen. Lasse dich gleichzeitig in Seiza nieder und beende die Ikkyo omote Technik (Bild 4-8).

Tachi waza · Katate ryote dori - Nikyo ura

Biete Uke deine rechte Hand zum Greifen an (Bild 1). Wenn Uke sich nähert, um deinen Arm zu greifen, beginnst du dich um deine eigene Achse zu drehen (Bild 2-4). Wenn Uke um dich herum kommt, windest du deine rechte Hand um Ukes rechten Unterarm. Platziere deine linke Handfläche auf Ukes rechte Hand um zu verhindern, daß Uke seinen Griff löst (Bild 5). Drücke den gesamten Griff hinter Uke und führe Nikyo ura aus (Bild 6-9).

Tachi waza · Katate ryote dori - Sankyo omote

Biete Uke deine linke Hand zum Greifen an (Bild 1). Wenn Uke sich nähert, gehst du einen Schritt in einem 90° Winkel zu seiner Richtung nach vorne (Bild 2-3). Sobald Uke sich in Kuzushi befindet, übernimmst du mit deiner rechten Hand sein linkes Handgelenk. Gleite mit deinem linken Arm unter Ukes linken Arm und bringe Uke mit Hilfe eines Ellenbogenhebels hinter deinen Rücken (Bild 4-5). Sobald Uke um dich herum kommt, beendest du die Sankyo omote Technik, indem du den Sankyo Abschlußhebel stehend ansetzt (Bild 6-9).

Tachi waza · Katate ryote dori - Gokyo

Biete Uke deine linke Hand zum Greifen an. Wenn Uke sich nähert und zugreift, beginnst du dich um deine eigene Achse zu drehen (Bild 1-4). Wenn Uke um dich herum kommt, übernimmst du mit deiner linken Hand Ukes linkes Handgelenk. Übernimm mit deiner rechten Hand Ukes linken Ellenbogen. Bewege dich zurück und führe Gokyo aus (Bild 5-9).

Entdecke Aikido Band 1

Tachi waza · Katate ryote dori - Kotegaeshi

Biete Uke deine linke Hand zum Greifen an (Bild 1). Wenn Uke sich nähert und zugreift, beginnst du dich um deine eigene Achse zu drehen (Bild 1-3). Wenn Uke um dich herum kommt, führst du einen Meguri mit deinem linken Unterarm aus, um seine Richtung zu ändern. Übernimm mit deiner rechten Hand Ukes rechtes Handgelenk (Bild 4). Ziehe Uke in Kuzushi und führe Kotegaeshi aus (Bild 5-9).

Tachi waza · Katate ryote dori - Shiho nage

Biete Uke deine linke Hand zum Greifen an (Bild 1). Wenn Uke sich nähert und zugreift, übernimmst du mit deiner linken Hand sein linkes Handgelenk und beginnst dich um deine eigene Achse zu drehen (Bild 1-4). Wenn Uke um dich herum kommt, fügst du deine rechte Hand zu dem Shiho nage Griff hinzu, tauchst unter seinem Arm hindurch und beendest die Shiho nage Technik (Bild 5-10).

Tachi waza · Katate ryote dori - Irimi nage

Biete Uke deine rechte Hand mit der Handfläche nach unten zum Greifen an (Bild 1). Wenn Uke sich nähert, bewegst du dich zurück. Im Moment der Verbindung sollte deine Hand zwischen Ukes beiden Unterarmen mit der Handfläche nach oben weisend positioniert sein (Bild 2). Absorbiere Uke vorwärts durch die Anwendung eines Meguris und durch das gleichzeitige Heranholen und Anheben des Griffs (Bild 3-4). Sobald Uke sich in Kuzushi befindet, schließt du Ukes Zentrallinie, bewegst dich in die Technik hinein und beendest den Irimi nage (Bild 5-8).

Tachi waza · Katate ryote dori - Yoko irimi

Diese statische Form des Yoko irimi wird hauptsächlich zu Studienzwecken trainiert. Es zwingt die Trainierenden, die nötigen Elemente, die dazu führen, daß die Technik funktioniert, zu analysieren und anzuwenden. Biete deinen Unterarm in der Gokyo Position an. Uke setzt einen starken beidhändigen Griff an (Bild 1). Drehe deine Hüfte in Ukes Richtung und bringe deinen Ellenbogen zu deinem Zentrum. Während du deine Ellenbogen auf dein Zentrum gerichtet hälst, drehst du deine Hüfte weg. Führe gleichzeitig einen Meguri aus. Dieses zwingt Uke, sich nach vorne zu bewegen (Bild 2-4). Schließe Ukes Zentrallinie mit deinem Ellenbogen und strecke deinen Arm aus. Beende die Yoko irimi Technik (Bild 5-8).

Entdecke Aikido Band 1

Tachi waza · Katate ryote dori - Ude kime nage

Biete Uke deine linke Hand zum Greifen an (Bild 1). Wenn Uke sich nähert und zugreift, beginnst du dich um deine eigene Achse zu drehen (Bild 1-4). Wenn Uke um dich herum kommt, leitest du ihn zur Seite um, gehst einen Schritt vorwärts und führst Ude kime nage aus (Bild 5-10).

Tachi waza · Katate ryote dori - Koshi nage

Biete Uke deine linke Hand mit der Handfläche nach unten zum Greifen an (Bild 1). Wenn Uke sich nähert und zugreift, hebst du deinen Unterarm an und gehst einen Schritt vorwärts (Bild 2-4). Sobald Uke sich in Kuzushi befindet, lädst du Uke auf deine Hüften auf (Bild 5). Richte dich wieder auf, gehe einen Schritt zurück und führe Koshi nage aus (Bild 6-9).

Entdecke Aikido Band 1

Tachi waza · Katate ryote dori - Juji garami

Biete Uke deine linke Hand zum Greifen an (Bild 1). Wenn Uke sich nähert und zugreift, beginnst du dich um deine eigene Achse zu drehen (Bild 1-3). Wenn Uke um dich herum kommt, löst du seinen Griff, indem du die Kontrolle über seine beiden Handgelenke übernimmst (Bild 4-5). Winde Ukes rechten Arm über seinen linken, gehe einen Schritt vorwärts und führe Juji garami aus (Bild 6-9).

Tachi waza · Katate ryote dori - Nikyo irimi

Biete Uke deine linke Hand zum Greifen an (Bild 1). Wenn Uke sich nähert und zugreift, beginnst du dich um deine eigene Achse zu drehen (Bild 1-4). Wenn Uke um dich herum kommt, bewegst du dich zurück. Ziehe Uke mit Hilfe eines Meguris nach oben und unter deinen linken Arm (Bild 5-6). Wenn sich Uke neben dir befindet, schließt du seine Zentrallinie und beendest die Nikyo irimi Technik (Bild 7-10).

Tachi waza · Katate ryote dori - Shiho nage sankyo irimi

Biete Uke deine linke Hand in einer Sankyo Position zum Greifen an (Bild 1). Wenn Uke sich nähert, bewegst du dich zurück und weichst dabei von der Linie. Im Moment der Verbindung sollte sich deine Hand hoch in einer Sankyo Position befinden (Bild 2-3). Führe deinen Arm über Ukes Kopf hinweg und setze Shiho nage sankyo an. Schließe mit deiner rechten Hand Ukes Zentrallinie und gehe einen Schritt vorwärts (Bild 4-9).

Tachi waza · Katate ryote dori - Kotegaeshi shiho nage

Biete Uke deine rechte Hand mit der Handfläche nach unten zum Greifen an. Im Moment der Verbindung sollte sich deine Handfläche auf deiner Augenhöhe befinden (Bild 1-3). Übernimm mit deiner linken Hand Ukes linke Handfläche. Löse deine rechte Hand vom Griff, greife auf Ukes Handfläche von oben um und beende die Kotegaeshi shiho nage Technik (Bild 4-9).

Tachi waza · Katate ryote dori - Ude kime koshi nage

Biete Uke deine rechte Hand mit dem Daumen nach oben zum Greifen an (Bild 1). Wenn Uke zugreift, bewegst du dich zurück und weichst dabei von der Linie. Leite Uke mit einem Meguri zur Seite um (Bild 2-3). Platziere deinen linken Arm unter und gegen Ukes Arm, beuge deine Knie und lade Uke auf deine Hüften auf (Bild 4-5). Richte dich wieder auf, gehe einen Schritt zurück und führe Koshi nage aus (Bild 6-9).

Tachi waza · Katate ryote dori - Kokyu nage #1

Biete Uke deine linke Hand in einer Nikyo Position zum Greifen an (Bild 1). Wenn Uke sich nähert und zugreift, beginnst du, deinen Arm anzuwinkeln und in eine Shiho nage Position zu bringen während du gleichzeitig einen Schritt vorwärts gehst (Bild 2-4). Gehe noch einen Schritt vorwärts, strecke deinen Unterarm in einer Nikyo Position aus und führe Kokyu nage aus (Bild 5-8).

Tachi waza · Katate ryote dori - Kokyu nage #2

Biete Uke deine rechte Hand in einer Nikyo Position zum Greifen an (Bild 1). Wenn Uke sich nähert und zugreift, gehst du einen Schritt zurück. Mit deiner rechten Hand ziehst du Uke nach oben und nach vorne (Bild 2-4). Platziere deine linke Hand auf Ukes rechten Trizeps, drücke Uke vorwärts und beende die Kokyu nage Technik (Bild 5-8).

Tachi waza · Katate ryote dori - Kokyu nage #3

Biete Uke deine linke Hand mit der Handfläche nach oben zum Greifen an (Bild 1-2). Wenn Uke sich nähert und zugreift, beginnst du einen Meguri mit deinem linken Unterarm und ziehst Uke nach oben (Bild 3-5). Gehe einen Schritt vorwärts und beende die Kokyu nage Technik (Bild 6-8).

Ryote Dori

Tachi waza · Ryote dori - Ikkyo omote

Biete Uke beide Hände zum Greifen an (Bild 1). Wenn Uke sich nähert und zugreift, gehst du gleichzeitig einen Schritt zurück. Hebe mit deiner rechten Hand Ukes rechten Arm hoch und übernimm mit deiner linken Hand Ukes rechten Ellenbogen (Bild 1-3). Gehe einen Schritt vorwärts und führe Ikkyo omote aus (Bild 4-9).

Tachi waza · Ryote dori - Nikyo ura

Biete Uke beide Hände zum Greifen an. Wenn Uke sich nähert und zugreift, gleitest du zur Seite. Öffne Ukes linken Arm und führe mit deiner rechten Hand einen Atemi aus (Bild 1-3). Übernimm Ukes rechten Unterarm und setze Nikyo ura an (Bild 4-5). Mit deiner linken Hand führst du Atemis zu Ukes Rippen und zu seinem Kinn aus. Bringe deine Hand wieder in den Nikyo Griff zurück (Bild 6-8). Führe Nikyo ura aus, indem du deine Hüfte und deinen Oberkörper zur Seite und nach unten drehst (Bild 9-10). Sobald Uke Ukemi ausführt, lässt du seinen Arm los und beendest die Nikyo ura Technik stehend (Bild 12).

Entdecke Aikido Band 1

Tachi waza · Ryote dori - Sankyo omote

Biete Uke beide Hände zum Greifen an. Wenn Uke sich nähert und zugreift, öffnest du mit deiner rechten Hand Ukes linken Arm zur Seite und führst mit deiner linken Hand einen Atemi aus (Bild 1-2). Übernimm die Kontrolle über Ukes linken Unterarm und setze einen Sankyo Haltegriff an (Bild 3-5). Gleite zurück und beende die Sankyo omote Technik (Bild 6-7). Beende den Sankyo Abschlußhebel stehend (Bild 8).

Tachi waza · Ryote dori - Kotegaeshi

Biete Uke beide Hände zum Greifen an. Wenn Uke sich nähert und dabei ist, zuzugreifen, bewegst du dich zurück und weichst dabei von der Linie. Mit deiner rechten Hand leitest du Ukes rechten Griff um (Bild 1-4). Übernimm mit deiner linken Hand Ukes rechtes Handgelenk und ziehe es nun vorwärts. Sobald Uke sich in Kuzushi befindet, änderst du die Richtung und führst Kotegaeshi aus (Bild 5-8).

Tachi waza · Ryote dori - Shiho nage

Biete Uke beide Hände zum Greifen an. Wenn Uke sich nähert und zugreift, bewegst du dich zur Seite und ziehst deine linke Hand zu deinem Zentrum. Führe mit deiner rechten Hand einen Atemi aus und übernimm anschließend die Kontrolle über Ukes rechten Ellenbogen (Bild 1-4). Arretiere Ukes Ellenbogen und ziehe Uke mit einer Gegenbewegung deiner Hände hinter deinen Rücken (Bild 5-6). Wenn Uke um dich herum kommt, verschiebst du deine beiden Hände und übernimmst Ukes rechtes Handgelenk (Bild 7). Gehe einen Schritt vorwärts in die Technik hinein und beende den Shiho nage (Bild 8-10).

Tachi waza · Ryote dori - Irimi nage

Biete Uke beide Hände zum Greifen an. Wenn Uke sich nähert und dabei ist, zuzugreifen, bewegst du dich zurück und weichst dabei von der Linie. Mit deiner rechten Hand übernimmst du Ukes rechtes Handgelenk. Platziere deine linke Hand auf Ukes Rücken (Bild 1-4). Bringe Uke nach vorne. Schließe Ukes Zentrallinie mit seiner eigenen rechten Handfläche und beende die Irimi nage Technik (Bild 5-7).

Entdecke Aikido Band 1

Tachi waza · Ryote dori - Yoko irimi

Biete Uke beide Hände zum Greifen an. Wenn Uke sich nähert und zugreift, gehst du einen Schritt zurück. Ziehe Uke in die Technik hinein, indem du seinen linken Arm nach vorne und nach unten streckst. Mit deinem rechten Ellenbogen dringst du nun auf Ukes Zentrallinie ein und beendest die Yoko irimi Technik (Bild 1-9).

Entdecke Aikido Band 1

Tachi waza · Ryote dori - Sumi otoshi

Biete Uke beide Hände zum Greifen an. Wenn Uke sich nähert, wechselst du deinen Profilstand und erlaubst ihm, deine rechte Hand zu fassen. Führe mit deiner linken Hand einen Atemi aus (Bild 1-2). Gleite mit deiner linken Hand in Ukes Ellenbogenbeuge. Drücke Ukes Ellenbogen hoch, so daß Uke sich in Kuzushi befindet. Gehe einen Schritt vorwärts und beende die Sumi otoshi Technik (Bild 3-8).

Tachi waza · Ryote dori - Tai otoshi

Biete Uke beide Hände zum Greifen an. Wenn Uke sich nähert, wechselst du deinen Profilstand und erlaubst ihm, deine rechte Hand zu fassen (Bild 1-2). Strecke Ukes linken Arm aus. Platziere deinen linken Arm in und unter Ukes Achsel und beende die Tai otoshi Technik (Bild 3-9).

Tachi waza · Ryote dori - Ude kime nage

Biete Uke beide Hände zum Greifen an. Wenn Uke sich nähert und zugreift, ziehst du deine linke Hand zu deinem Zentrum und übernimmst mit deiner rechten Hand Ukes rechtes Handgelenk (Bild 1-3). Löse deine linke Hand von Ukes Griff, platziere deinen linken Arm gegen und unter Ukes rechten Arm und beende die Ude kime nage Technik (Bild 4-10).

Tachi waza · Ryote dori - Koshi nage

Biete Uke beide Hände zum Greifen an. Wenn Uke sich nähert und zugreift, gleitest du zurück. Mit deiner linken Hand leitest du Uke hinter deinen Rücken um und mit deiner rechten Hand ziehst du Uke nach oben und nach vorne (Bild 1-3). Beuge deine Knie und lade Uke auf deine Hüften auf (Bild 4-5). Richte dich wieder auf, bewege dich nach außen und beende die Koshi nage Technik (Bild 6-8).

Entdecke Aikido Band 1

Tachi waza · Ryote dori - Tenchi nage #1

Biete Uke beide Hände zum Greifen an. Wenn Uke sich nähert und zugreift, absorbierst du ihn, indem du dich zurück bewegst. Ziehe deine linke Hand zu deinem Zentrum zurück und strecke Uke mit deiner rechten Hand nach oben aus (Bild 1-4). Bringe deine linke Hand nach unten und zur Seite. Schließe mit deiner rechten Hand Ukes Zentrallinie und führe Tenchi nage aus (Bild 5-7).

Tachi waza · Ryote dori - Tenchi nage #2

Biete Uke beide Hände zum Greifen an. Wenn Uke sich nähert und zugreift, gleitest du zurück und absorbierst ihn, indem du ihn auf dich zukommen lässt. Mit deinem linken Unterarm ziehst du Uke nach oben und mit deiner rechten Hand leitest du ihn zur Seite und nach unten um (Bild 1-4). Führe Tenchi nage aus, indem du Uke mit deiner rechten Hand nach unten bringst und ihn gleichzeitig mit deiner linken Hand nach außen drückst (Bild 5-8).

Tachi waza · Ryote dori - Juji garami

Biete Uke beide Hände zum Greifen an (Bild 1). Wenn Uke sich nähert und zugreift, bewegst du dich zurück und weichst dabei von der Linie. Hebe mit deiner rechten Hand Ukes rechten Unterarm an und übernimm mit deiner linken Hand Ukes linken Unterarm (Bild 1-3). Winde Ukes Arme umeinander herum, gehe einen Schritt vorwärts und in die Technik hinein und führe Juji garami aus (Bild 4-9).

Entdecke Aikido Band 1

Tachi waza · Ryote dori - Kokyu nage #1

Biete Uke beide Hände zum Greifen an (Bild 1-2). Wenn Uke sich nähert und zugreift, gehst du einen Schritt zurück und weichst dabei von der Linie. Ziehe Uke nach vorne und nach oben. Leite die Bewegung mit deinem Ellenbogen ein (Bild 3-4). Sobald Uke an dir vorbei geht und sich in Kuzushi befindet, bringst du deine Unterarme in einer kreisförmigen Bewegung nach unten und nach vorne und beendest die Kokyu nage Technik (Bild 5-8).

Tachi waza · Ryote dori - Kokyu nage #2

Biete Uke beide Hände zum Greifen an (Bild 1-2). Wenn Uke sich nähert und zugreift, bewegst du dich zurück und weichst dabei von der Linie. Gleichzeitig ziehst du Uke hoch (Bild 3-5). Während Uke an dir vorbei geht, hebst du deine Arme weiter an bis Uke die Verbindung zum Boden unter seinen Füßen verliert. In diesem Moment senkst du deine Arme (Bild 6-10).

Entdecke Aikido Band 1

Tachi waza · Ryote dori - Kokyu nage #3

Biete Uke beide Hände zum Greifen an (Bild 1-2). Wenn Uke sich nähert und zugreift, gleitest du zurück und zur Seite. Mit deiner linken Hand lenkst du Uke um und ziehst ihn hinter deinen Rücken (Bild 1-4). Wenn Uke um dich herum kommt, gehst du einen Schritt vorwärts und streckst gleichzeitig deine rechte Hand aus. Schicke den Uke nach vorne in den Kokyu nage (Bild 5-7).

Mune Dori

Tachi waza · Mune dori - Ikkyo omote

Beginne im rechten Profilstand. Wenn Uke sich nähert und versucht, deine Brust zu greifen, gehst du einen Schritt zurück und weichst dabei von der Linie. Mit deiner rechten Hand lenkst du Ukes linken Unterarm um und mit deiner linken Hand führst du einen Atemi aus (Bild 1-4). Mit deiner linken Hand hebst du Ukes linkes Handgelenk an, um es zu übernehmen. Platziere deine rechte Hand auf Ukes linken Ellenbogen, gehe einen Schritt vorwärts und beende Ikkyo omote in Seiza (Bild 5-9).

Tachi waza · Mune dori - Nikyo ura

Beginne im rechten Profilstand. Wenn Uke sich nähert und versucht, deine Brust zu greifen, gehst du einen Schritt zurück und weichst dabei von der Linie. Führe mit deiner linken Hand einen Atemi aus und übernimm Ukes linke Hand von oben (Bild 1-3). Gehe noch einen Schritt zurück während du Ukes linkshändigen Griff festhälst. Mit deiner rechten Hand führst du einen Atemi zu Ukes Rippen und auf Ukes Kinn aus (Bild 4-6). Füge deine rechte Hand zu dem Nikyo ura Haltegriff hinzu und beginne, dich in Seiza zu nieder zu lassen. Am Schluß der Technik setzt du die Nikyo "Zwinge" und den Nikyo ura Abschlußhebel an (Bild 5-12).

Tachi waza · Mune dori - Sankyo omote

Beginne im rechten Profilstand. Wenn Uke sich nähert und versucht, deine Brust zu greifen, gehst du einen Schritt zurück und weichst dabei von der Linie. Führe mit deiner linken Hand einen Atemi aus und übernimm Ukes linke Hand von oben (Bild 1-4). Gehe noch einen Schritt zurück und ziehe Ukes Griff von deinem Gi herunter. Übernimm mit deiner rechten Hand Ukes linkes Handgelenk, führe Sankyo omote aus und beende den Sankyo Abschlußhebel stehend (Bild 5-10).

Tachi waza · Mune dori - Shiho nage

Beginne im linken Profilstand. Wenn Uke sich nähert und versucht, deine Brust zu greifen, gehst du einen Schritt zurück. Mit deiner linken Hand lenkst du Ukes linken Unterarm um und übernimmst sein rechtes Handgelenk. Führe mit deiner rechten Hand einen Atemi aus (Bild 1-3). Füge deine rechte Hand zu dem Griff auf Ukes rechtes Handgelenk hinzu. Gehe einen Schritt zurück und ziehe Uke vorwärts auf dein Zentrum. Beginne, dich unter Ukes Arm zu drehen und lasse dich in die Halbposition nieder (Bild 4-6). Strecke Ukes Arm aus und beende die Shiho nage Technik (Bild 7-9).

Tachi waza · Mune dori - Kotegaeshi

Beginne im rechten Profilstand. Wenn Uke sich nähert und versucht, deine Brust zu greifen, gehst du einen Schritt zurück. Führe mit deiner linken Hand einen Atemi aus und leite Ukes Arm sofort von außen nach innen um (Bild 1-4). Gehe noch einen Schritt zurück und übernimm mit deiner rechten Hand Ukes linkes Handgelenk. Führe Kotegaeshi aus (Bild 5-10).

Tachi waza · Mune dori - Nanakyo

Beginne im linken Profilstand. Wenn Uke sich nähert und versucht, deine Brust zu greifen, bewegst du dich zurück und weichst dabei von der Linie. Übernimm Ukes rechtes Handgelenk von unten (Bild 1-3). Füge deine rechte Hand zu dem Griff hinzu (Bild 4). Drücke Ukes Hand und seinen Unterarm zusammen und beginne, dich in Seiza nieder zu lassen (Bild 5-7). Beende den Nanakyo Abschlußhebel, indem du weiterhin Ukes Hand und seinen Unterarm zusammen drückst. Dabei ziehst du Ukes Handgelenk nach oben und drückst gleichzeitig seinen Unterarm nach unten (Bild 8).

Tachi waza · Mune dori - Irimi nage

Beginne im linken Profilstand. Wenn Uke sich nähert und versucht, deine Brust zu greifen, gehst du einen Schritt zurück. Führe mit deiner rechten Hand einen Atemi aus und leite Ukes rechten Unterarm sofort von außen nach innen um (Bild 1-4). Wenn Uke noch näher auf dich zu kommt, gehst du einen Schritt vorwärts und beendest die Irimi nage Technik (Bild 5-8).

Tachi waza · Mune dori - Yoko irimi

Beginne im linken Profilstand. Wenn Uke sich nähert und versucht, deine Brust zu greifen, bewegst du dich zurück und weichst dabei von der Linie. Mit deiner rechten Hand übernimmst du von außen nach innen Ukes rechten Unterarm (Bild 1-4). Ziehe Uke vorwärts. Schließe Ukes Zentrallinie mit deinem linken Ellenbogen und beende die Yoko irimi Technik (Bild 5-8).

Entdecke Aikido Band 1

Tachi waza · Mune dori - Ude kime nage

Beginne im linken Profilstand. Wenn Uke sich nähert und versucht, deine Brust zu greifen, gehst du einen Schritt zurück und weichst dabei von der Linie. Mit deiner rechten Hand übernimmst du Ukes rechte Hand von außen (Bild 1-3). Strecke Ukes Arm aus und kontrolliere seinen rechten Ellenbogen mit deiner linken Hand (Bild 4). Gehe einen Schritt vorwärts und führe Ude kime nage aus (Bild 5-8).

Tachi waza · Mune dori - Ude kime osae

Beginne im linken Profilstand. Wenn Uke sich nähert und versucht, deine Brust zu greifen, bewegst du dich zurück und weichst dabei von der Linie. Mit deiner rechten Hand übernimmst du Ukes Hand von außen (Bild 1-3). Strecke Ukes Arm aus und kontrolliere mit deiner linken Hand Ukes rechten Ellenbogen (Bild 4). Drücke Ukes Ellenbogen nach unten und führe Ude kime osae aus. Beende die Technik mit einem Ude kime osae Abschlußhebel (Bild 5-8).

Tachi waza · Mune dori - Kaiten nage

Beginne im linken Profilstand. Wenn Uke sich nähert und versucht, deine Brust zu greifen, bewegst du dich zurück und weichst dabei von der Linie. Lenke Ukes Angriff mit deinen beiden Händen um (Bild 1-3). Übernimm mit deiner linken Hand die Kontrolle über Ukes Unterarm. Mit deiner rechten Hand führst du einen Atemi aus und greifst Ukes Nacken (Bild 4-5). Ziehe Ukes Nacken nach unten, gehe einen Schritt in die Technik hinein und drücke gleichzeitig Ukes Arm vorwärts (Bild 6-8).

Tachi waza · Mune dori - Ude garami

Beginne im linken Profilstand. Wenn Uke sich nähert und versucht, deine Brust zu greifen, bewegst du dich zurück. In einer Aufwärtsbewegung übernimmst du nun Ukes rechten Ellenbogen. Drücke den Ellenbogen weiter nach oben und führe mit deiner rechten Hand einen Atemi aus (Bild 1-4). Nun drehst du Ukes Ellenbogen in einer elliptischen Bewegungslinie nach vorne und nach unten. Ziehe Uke hinunter auf die Matte und beende die Technik mit einem Ude garami Abschlußhebel (Bild 5-8).

Tachi waza · Mune dori - Shiho nage sankyo

Beginne im rechten Profilstand. Wenn Uke sich nähert und versucht, deine Brust zu greifen, bewegst du dich zurück und weichst dabei von der Linie. Übernimm mit deiner rechten Hand von oben Ukes linken Ellenbogen. Drücke Ukes Ellenbogen vorwärts und nach unten während du dich um deine eigene Achse drehst (Bild 1-5). Du übernimmst nun mit beiden Händen die Kontrolle über Ukes Ellenbogen. Drücke Ukes Ellenbogen gegen deine Brust, gleite zur Seite und beende die Shiho nage sankyo Technik (Bild 6-8).

Ryo Mune Dori

Tachi waza · Ryo mune dori - Ikkyo omote

Beginne im linken Profilstand. Wenn Uke sich nähert und versucht, deine beiden Revers zu greifen, gehst du einen Schritt zurück und führst mit deiner rechten Hand einen Atemi aus (Bild 1-3). Reiche mit deiner rechten Hand zwischen Ukes beiden Arme hindurch und "schneide" Ukes rechtshändigen Griff von deinem Revers herunter (Bild 4-6). Übernimm Ukes Handgelenk und seinen Ellenbogen und beende die Ikkyo omote Technik stehend (Bild 7-10).

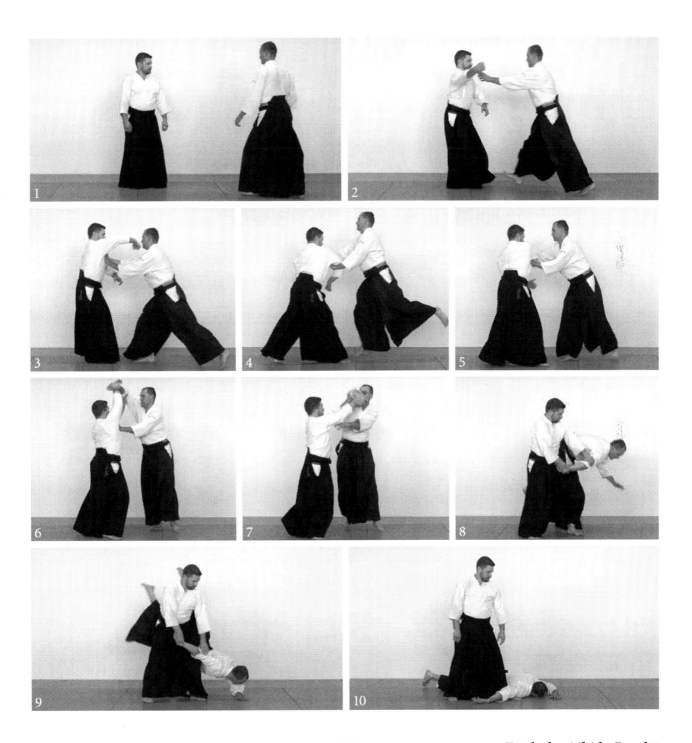

Tachi waza · Ryo mune dori - Nikyo omote

Beginne im rechten Profilstand. Wenn Uke sich nähert und versucht, deine beiden Revers zu greifen, gehst du einen Schritt zurück. Führe mit deiner linken Hand einen Atemi aus und übernimm sofort Ukes linke Hand (Bild 1-3). Ziehe Ukes linkshändigen Griff von deinem Revers herunter und halte Ukes Hand in einem Nikyo Griff. Übernimm mit deiner rechten Hand die Kontrolle über Ukes linken Ellenbogen, gehe einen Schritt vorwärts in die Technik hinein und beende Nikyo omote in Seiza (Bild 4-8).

Tachi waza · Ryo mune dori - Irimi nage

Beginne im linken Profilstand. Wenn Uke sich nähert und versucht, deine beiden Revers zu greifen, gleitest du nur etwas zurück, um Ukes Angriff zu absorbieren und dabei zu beschleunigen (Bild 1-2). Wenn Uke nahe an dich heran gekommen ist, gehst du einen Schritt vorwärts und schließt mit deiner rechten Handfläche Ukes Zentrallinie. Beende die Irimi nage Technik (Bild 3-8).

Tachi waza · Ryo mune dori - Ude kime irimi

Beginne im linken Profilstand. Wenn Uke sich nähert und versucht, deine beiden Revers zu greifen, gleitest du nur etwas zurück. Wenn Uke zugreift, übernimmst du sofort die Kontrolle über beide Ellenbogen (Bild 1-3). Absorbiere Ukes Armbewegung, strecke Ukes Arme aus und arretiere sie. Gehe einen Schritt vorwärts und drücke Ukes Arme nach oben (Bild 4-5). Wenn Uke den Kontakt mit dem Boden verloren hat, lässt du seine Ellenbogen los (Bild 6-8).

Entdecke Aikido Band 1

Tachi waza · Ryo mune dori - Kokyu nage #1

Beginne im rechten Profilstand. Wenn Uke sich nähert und versucht, deine beiden Revers zu greifen, führst du Mae geri aus und übernimmst Ukes Arme (Bild 1-3). Mit deiner rechten Hand kontrollierst du Ukes linken Ellenbogen und ziehst ihn nach unten. Drücke mit deiner linken Hand Ukes rechten Ellenbogen nach oben und zur Seite und beende die Kokyu nage Technik (Bild 4-8).

Tachi waza · Ryo mune dori - Kokyu nage #2

Beginne im rechten Profilstand. Wenn Uke sich nähert und versucht, deine beiden Revers zu greifen, führst du mit deiner rechten Hand einen Atemi zwischen seinen beiden Armen von unten nach oben aus (Bild 1-3). Gehe einen Schritt zurück und winde deinen rechten Arm um Ukes linken Ellenbogen herum. Drücke mit deiner linken Hand Ukes rechten Ellenbogen nach oben und nach vorne (Bild 4-8).

Tachi waza · Ryo mune dori - Kokyu nage #3

Dieser Kokyu nage ist der vorherigen Technik sehr ähnlich. Der Unterschied besteht darin, daß der Atemi nun über Ukes Arme hinweg anstatt von unten nach oben ausgeführt wird.

Beginne im rechten Profilstand. Wenn Uke sich nähert und versucht, deine beiden Revers zu greifen, führst du mit deiner rechten Hand einen Atemi über Ukes Arme hinweg aus (Bild 1-2). Gehe einen Schritt zurück und drücke mit deinem rechten Unterarm Ukes linken Ellenbogen nach unten. Drücke mit deiner linken Hand Ukes rechten Ellenbogen nach oben und nach vorne (Bild 3-7).

Kata Tori Men Uchi

Tachi waza · Kata tori men uchi - Ikkyo omote

Beginne im linken Profilstand. Wenn Uke sich nähert und angreift, gleitest du nur etwas zurück und weichst dabei von der Linie. Mit deinem linken Unterarm nimmst du die Verbindung zu Ukes linkem Unterarm auf. Absorbiere Ukes Angriff und übernimm mit deiner rechten Hand die Kontrolle über Ukes linken Ellenbogen (Bild 1-4). Gehe einen Schritt vorwärts, lasse dich in Seiza nieder und führe gleichzeitig Ikkyo omote aus (Bild 5-8).

Tachi waza · Kata tori men uchi - Nikyo omote

Beginne im linken Profilstand. Wenn Uke sich nähert und angreift, nimmst du mit deinem linken Unterarm die Verbindung zu Ukes linken Ellenbogen auf. Gehe einen Schritt zurück und bringe Ukes linken Arm gleichzeitig mit einem Meguri nach unten (Bild 1-4). Greife Ukes rechte Handfläche mit deiner rechten Hand und setze einen Nikyo Haltegriff an. Mit deiner linken Hand über-nimmst du die Kontrolle über Ukes Ellenbogen. Nun gehst du einen Schritt vorwärts und beendest die Nikyo omote Technik in Seiza (Bild 5-8).

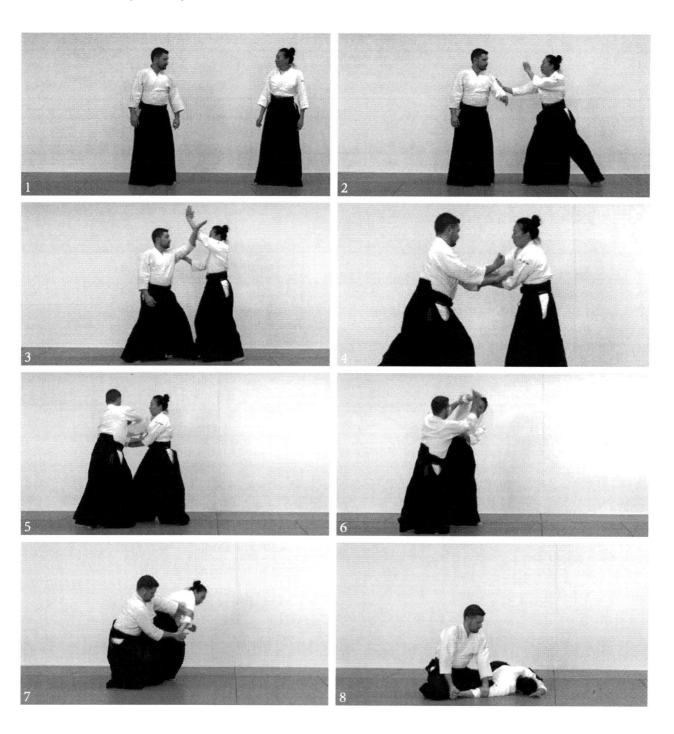

Tachi waza · Kata tori men uchi - Sankyo omote

Beginne im linken Profilstand. Wenn Uke sich nähert und angreift, gleitest du zurück und weichst dabei von der Linie. Mit deinem linken Unterarm nimmst du die Verbindung zu Ukes linken Ellenbogen auf und führst mit deiner rechten Hand einen Atemi aus. Übernimm die Kontrolle über Ukes Schlagarm und arretiere ihn gegen deinen Körper (Bild 1-3). Bewege Uke mit einem Armhebel hinter deinen Rücken. Wenn Uke um dich herum kommt, beendest du die Sankyo omote Technik (Bild 4-8).

Tachi waza · Kata tori men uchi - Irimi nage #1

Beginne im rechten Profilstand. Wenn Uke sich nähert und versucht, deine Schulter zu greifen, um zuzuschlagen, drehst du dich zur Seite weg. Beginne sofort damit, dich auf deinem vorderen Fuß zu drehen und ziehe Uke mit in die Drehbewegung hinein (Bild 1-4). Wenn Uke um dich herum kommt, schließt du Ukes Zentrallinie mit deiner linken Hand. Gehe einen Schritt vorwärts und führe Irimi nage aus (Bild 5-8).

Tachi waza · Kata tori men uchi - Irimi nage #2

Beginne im rechten Profilstand. Wenn Uke sich nähert und angreift, nimmst du mit deinem rechten Unterarm die Verbindung zu Ukes rechten Ellenbogen auf. Gehe einen Schritt zurück und bringe gleichzeitig Ukes rechten Arm mit einem Meguri nach unten (Bild 1-3). Wenn Uke in die Bewegung hinein gezogen worden ist, schließt du seine Zentrallinie über seinem linken Ellenbogen. Gehe einen Schritt vorwärts und beende die Irimi nage Technik (Bild 5-8).

Tachi waza · Kata tori men uchi - Yoko irimi

Beginne im linken Profilstand. Wenn Uke sich nähert und angreift, gleitest du zurück und weichst dabei von der Linie. Nimm mit deinem linken Unterarm die Verbindung zu Ukes linken Ellenbogen auf. Winkel deinen Arm an und absorbiere Ukes Angriff (Bild 1-3). Wenn Uke nahe an dich heran gekommen ist, streckst du deinen Arm auf Ukes Zentrallinie aus und führst Yoko irimi aus (Bild 5-8).

Tachi waza · Kata tori men uchi - Sumi otoshi

Beginne im rechten Profilstand. Wenn Uke sich nähert und angreift, gleitest du zurück und weichst dabei von der Linie. Nimm mit deinem rechten Unterarm die Verbindung zu Ukes rechten Ellenbogen auf und führe mit deiner linken Hand einen Atemi aus (Bild 1-2). Bewege Uke mit Hilfe eines Armhebels hinter deinen Rücken (Bild 3-5). Wenn Uke um dich herum kommt, bringst du Uke mit Hilfe eines Sankyo Griffs kontrolliert nach vorne. Strecke Ukes Arm von innen nach außen aus und greife auf sein Handgelenk um. Führe mit deiner rechten Hand einen Atemi aus, platziere deine Hand in Ukes Ellenbogenbeuge und führe Sumi otoshi aus (Bild 6-10).

Tachi waza · Kata tori men uchi - Koshi nage

Beginne im linken Profilstand. Wenn Uke sich nähert und angreift, gleitest du zurück und weichst dabei von der Linie. Nimm mit deinem linken Unterarm die Verbindung zu Ukes linken Ellenbogen auf und führe mit deiner rechten Hand einen Atemi aus. Übernimm Ukes Schlagarm. Arretiere den Arm gegen deinen Körper und bewege Uke mit Hilfe eines Armhebels hinter deinen Rücken (Bild 1-3). Beuge deine Knie und lade Uke auf deine Hüften auf. Führe Koshi nage aus (Bild 5-8).

Tachi waza · Kata tori men uchi - Kaiten nage

Beginne im rechten Profilstand. Wenn Uke sich nähert und angreift, gleitest du zurück und weichst dabei von der Linie. Nimm mit deinem rechten Unterarm die Verbindung zu Ukes rechten Ellenbogen auf und führe mit deiner linken Hand einen Atemi aus (Bild 1-3). Bewege Uke mit Hilfe eines Armhebels hinter deinen Rücken (Bild 4-6). Wenn Uke um dich herum kommt, bringst du ihn mit Hilfe eines Sankyo Griffs kontrolliert nach unten und zu deinem Zentrum. Mit deiner rechten Hand übernimmst du die Kontrolle über Ukes Nacken (Bild 7-8). Gehe einen Schritt in die Technik hinein und drücke Ukes Arm vorwärts (Bild 9-10).

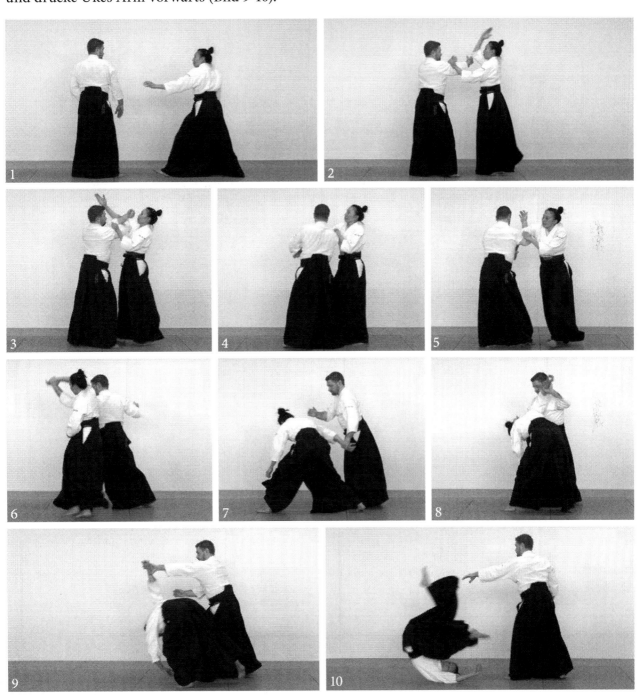

Tachi waza · Kata tori men uchi - Juji garami

Beginne im rechten Profilstand. Wenn Uke sich nähert und angreift, nimmst du mit deinem rechten Unterarm die Verbindung zu Ukes rechten Ellenbogen auf. Gehe einen Schritt zurück und ziehe Ukes rechten Arm gleichzeitig mit einem Meguri nach unten. "Schneide" mit deiner linken Hand Ukes linkshändigen Griff von unten von deinem Gi herunter und übernimm beide Handgelenke (Bild 1-5). Winde Ukes rechten Arm über seinen linken, gehe einen Schritt vorwärts in die Technik hinein und beende Juji garami (Bild 6-8).

Entdecke Aikido Band 1

Tachi waza · Kata tori men uchi - Kotegaeshi shiho nage

Beginne im linken Profilstand. Wenn Uke sich nähert und angreift, nimmst du mit deinem linken Unterarm die Verbindung zu Ukes linken Ellenbogen auf. Lenke Ukes Schlag um und winde deinen Arm um Ukes beide Arme (Bild 1-5). Ziehe Uke vorwärts, wechsel die Richtung und führe Kotegaeshi shiho nage aus (Bild 6-10).

Tachi waza · Kata tori men uchi - Kokyu nage #1

Beginne im rechten Profilstand. Wenn Uke sich nähert und versucht, deine Schulter zu greifen, um zuzuschlagen, drehst du dich zur Seite weg. Drehe dich sofort um deine eigene Achse und ziehe Uke mit in die Bewegung hinein (Bild 1-4). Wenn Uke um dich herum kommt, führst du mit deiner linken Hand einen Atemi aus (Bild 5). Gehe einen Schritt vorwärts und positioniere dich unter Ukes Arm. Lasse dich in die Halbposition nieder und beende die Kokyo nage Technik (Bild 6-10).

Entdecke Aikido Band 1

Tachi waza · Kata tori men uchi - Kokyu nage #2

Beginne im linken Profilstand. Wenn Uke sich nähert und angreift, gleitest du von der Linie. Nimm sofort mit deinem linken Unterarm die Verbindung zu Ukes Schlagarm auf (Bild 1-2). Gehe einen Schritt vorwärts, lasse dich in die Halbposition nieder und führe Uke vorwärts in die Kokyu nage Technik hinein (Bild 3-6).

Shomen Uchi

Tachi waza · Shomen uchi - Ikkyo omote

Beginne im linken Profilstand. Wenn Uke sich nähert und angreift, bewegst du dich zurück und weichst dabei von der Linie. Mit deinem linken Unterarm nimmst du die Verbindung zu Ukes linken Unterarm auf. Absorbiere Ukes Angriff und übernimm mit deiner rechten Hand die Kontrolle über Ukes linken Ellenbogen (Bild 1-4). Gehe einen Schritt vorwärts und beende die Ikkyo omote Technik in Seiza (Bild 5-7).

Tachi waza · Shomen uchi - Nikyo ura

Beginne im rechten Profilstand. Wenn Uke sich nähert und angreift, nimmst du mit deiner rechten Hand die Verbindung zu Ukes rechten Unterarm auf. Übernimm mit deiner linken Hand Ukes Handgelenk von unten. Gehe einen Schritt zurück und setze gleichzeitig einen Nikyo ura Haltegriff an (Bild 1-5). Führe mit deiner linken Hand einen Atemi aus und führe die Nikyo ura Technik aus (Bild 6-9). Setze eine Nikyo "Übergangszwinge" und einen Nikyo ura Abschlußhebel an (Bild 10-12).

Entdecke Aikido Band 1

Tachi waza · Shomen uchi - Sankyo omote

Beginne im rechten Profilstand. Wenn Uke sich nähert und angreift, nimmst du mit deiner rechten Hand die Verbindung zu Ukes rechten Unterarm auf. Übernimm mit deiner linken Hand Ukes Handgelenk von unten. Gehe einen Schritt zurück und übernimm gleichzeitig mit deiner linken Hand die Kontrolle über den Sankyo Haltegriff (Bild 1-5). Bewege dich zurück und führe Sankyo omote aus (Bild 6-8).

Tachi waza · Shomen uchi - Kotegaeshi

Beginne im rechten Profilstand. Wenn Uke sich nähert und angreift, nimmst du mit deiner rechten Hand die Verbindung zu Ukes rechten Unterarm auf. Übernimm mit deiner linken Hand Ukes Handgelenk von oben. Gehe einen Schritt zurück und leite Uke gleichzeitig vorwärts in Kuzushi (Bild 1-4). Wechsel die Richtung und führe Kotegaeshi aus (Bild 5-8).

Entdecke Aikido Band 1

Tachi waza · Shomen uchi - Irimi nage #1

Beginne im rechten Profilstand. Wenn Uke sich nähert und angreift, nimmst du mit deiner rechten Hand die Verbindung zu Ukes rechten Ellenbogen auf. Bringe Ukes Arm mit einem Meguri nach unten und zur Seite (Bild 1-4). Schließe Ukes Zentrallinie mit deinem Unterarm und beende die Irimi nage omote Technik (Bild 5-8).

Tachi waza · Shomen uchi - Irimi nage #2

Beginne im rechten Profilstand. Wenn Uke sich nähert und angreift, führst du mit deiner rechten Hand einen Atemi aus. Gehe einen Schritt vorwärts und weiche dabei von der Linie, so daß du dich neben Uke befindest. Übernimm die Kontrolle über Ukes Ellenbogen und Nacken (Bild 1-3). Drehe dich um deine eigene Achse, schließe Ukes Zentrallinie mit deinem rechten Unterarm und beende die Irimi nage ura Technik (Bild 4-8).

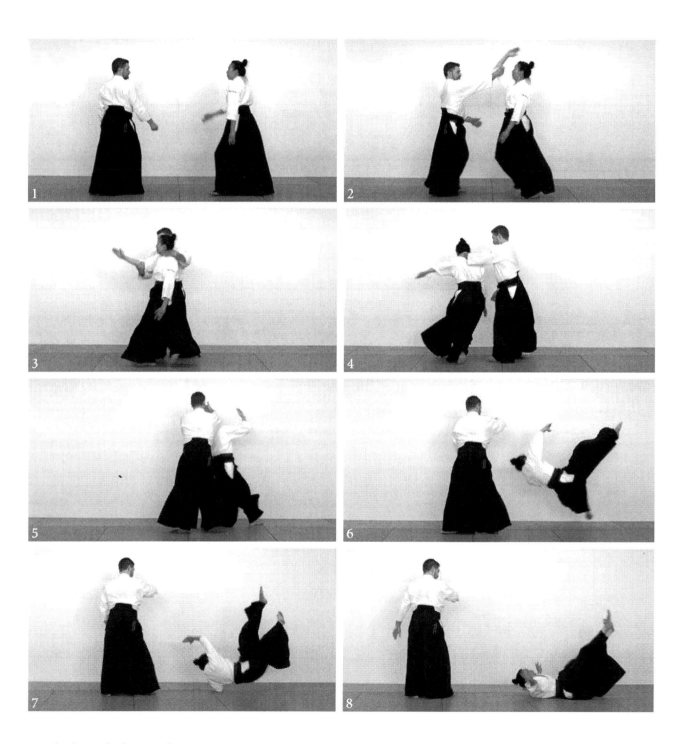

Entdecke Aikido Band 1

Tachi waza · Shomen uchi - Irimi nage #3

Beginne im rechten Profilstand. Wenn Uke sich nähert und angreift, blockst du Ukes Ellenbogen von unten mit deiner rechten Hand. Dringe mit deiner linken Hand direkt auf Ukes Zentrallinie ein (Bild 1-3). Weiche sofort von der Linie, schließe Ukes Zentrallinie und beende die Irimi nage omote Technik (Bild 4-7).

Tachi waza · Shomen uchi - Irimi nage #4

Beginne im rechten Profilstand. Wenn Uke sich nähert und angreift, führst du einen Atemi auf Ukes Zentrallinie aus und ziehst deine Hand schnell wieder zurück. Gehe einen Schritt zurück und weiche dabei gleichzeitig von der Linie (Bild 1-4). Wenn Uke den Shomen uchi beendet, schließt du mit deinem rechten Unterarm seine Zentrallinie und führst Irimi nage omote aus (Bild 5-8).

Tachi waza · Shomen uchi - Yoko irimi

Beginne im rechten Profilstand. Wenn Uke sich nähert und angreift, nimmst du mit deiner rechten Hand die Verbindung zu Ukes Unterarm auf. Gehe einen Schritt zurück und dringe mit deinem linken Ellenbogen auf Ukes Zentrallinie ein (Bild 1-4). Wenn Uke an dir vorbei geht, streckst du dei-nen Arm aus und führst Yoko irimi aus (Bild 5-8).

Tachi waza · Shomen uchi - Sumi otoshi

Beginne im rechten Profilstand. Wenn Uke sich nähert und angreift, gehst du einen Schritt vorwärts und führst mit deiner linken Hand einen Atemi aus (Bild 1-3). Drehe dich um deine eigene Achse, winde deinen linken Arm über und um Ukes Arm herum und arretiere Ukes Ellenbogen (Bild 4). Wenn Uke um dich herum kommt, führst du einen Atemi mit deiner rechten Hand aus. Gleite mit deiner Hand in Ukes Ellenbogenbeuge und beende die Sumi otoshi Technik (Bild 5-9).

Entdecke Aikido Band 1

Tachi waza · Shomen uchi - Sudori nage

Beginne im rechten Profilstand. Wenn Uke sich nähert und angreift, gleitest du nur etwas zurück (Bild 1-2). Bewege dich vorwärts und "tauche" nun in und unter Ukes Beine (Bild 3-6). Bewege dich weiter vorwärts und beende die Sudori nage Technik in Seiza (Bild 7-8).

Tachi waza · Shomen uchi - Ude kime nage ura

Beginne im rechten Profilstand. Wenn Uke sich nähert und angreift, gehst du einen Schritt vorwärts. Führe mit deiner linken Hand einen Atemi aus und nimm mit deiner linken Hand von außen die Verbindung zu Ukes Ellenbogen auf. Drehe dich nun um deine eigene Achse (Bild 1-4). Arretiere Ukes Arm am Ellenbogen, bringe Uke um dich herum und beende die Ude kime nage ura Technik (Bild 5-8).

Entdecke Aikido Band 1

Tachi waza · Shomen uchi - Koshi nage

Beginne im rechten Profilstand. Wenn Uke sich nähert und angreift, gehst du einen Schritt vorwärts und führst mit deiner linken Hand einen Atemi aus (Bild 1-3). Drehe dich um deine eigene Achse, winde deinen linken Arm über und um Ukes Arm herum. Arretiere Ukes Ellenbogen (Bild 4). Wenn Uke um dich herum kommt, führst du mit deiner rechten Hand einen Atemi aus. Bewege dich zurück und greife mit deiner linken Hand auf Ukes rechtes Handgelenk um. Beuge deine Knie und lade Uke auf deine Hüften auf (Bild 5-8). Richte dich wieder auf, gehe einen Schritt zurück und beende die Koshi nage Technik (Bild 9-10).

Tachi waza · Shomen uchi - Kaiten nage

Beginne im rechten Profilstand. Wenn Uke sich nähert und angreift, gehst du einen Schritt zurück. Nimm mit deinem rechten Unterarm die Verbindung zu Ukes rechten Ellenbogen auf. Platziere dei-nen linken Unterarm auf Ukes rechten Ellenbogen (Bild 1-4). Nun übernimmst du mit deiner rechten Hand die Kontrolle über Ukes Nacken und mit deinem linken Unterarm kontrollierst du Ukes rech-ten Ellenbogen (Bild 5). Ziehe Ukes Nacken runter, drücke seinen Arm vorwärts und führe Kaiten nage aus (Bild 6-8).

Entdecke Aikido Band 1

Yokomen Uchi

Tachi waza · Yokomen uchi - Ikkyo omote

Beginne im linken Profilstand. Wenn Uke sich nähert und angreift, führst du mit deiner linken Hand einen Atemi aus. Gehe einen Schritt zurück, ziehe deinen linken Unterarm zurück und kontrolliere Ukes rechten Arm. Mit deiner rechten Hand führst du einen zweiten Atemi aus (Bild 1-5). Anschließend übernimmst du mit deiner rechten Hand Ukes rechtes Handgelenk. Mit deiner linken Hand übernimmst du Ukes Ellenbogen. Gehe einen Schritt vorwärts und beende die Ikkyo omote Technik in Seiza (Bild 6-10).

Tachi waza · Yokomen uchi - Nanakyo

Beginne im linken Profilstand. Wenn Uke sich nähert und angreift, führst du mit deiner linken Hand einen Atemi auf Ukes Zentrallinie aus. Bewege dich zur Seite und öffne Ukes rechten Arm mit deinem linken Unterarm. Führe mit deiner rechten Hand einen zweiten Atemi aus (Bild 1-4). Übernimm mit deiner rechten Hand Ukes Handfläche und übernimm mit deiner linken Hand sein Handgelenk (Bild 5-6). Drücke Ukes Handfläche und seinen Unterarm zusammen. Beginne, dich in Seiza nieder zu lassen und beende die Technik mit dem Nanakyo Haltegriff (Bild 7-10).

Tachi waza · Yokomen uchi - Sankyo omote

Beginne im linken Profilstand. Wenn Uke sich nähert und angreift, führst du mit deiner linken Hand einen Atemi aus. Gehe einen Schritt zurück, ziehe deinen linken Arm zurück und kontrolliere Ukes rechten Arm. Führe mit deiner rechten Hand einen zweiten Atemi aus (Bild 1-4). Übernimm mit deiner rechten Hand Ukes rechte Handfläche. Gehe einen Schritt zurück, greife mit deiner linken Hand auf den Sankyo Haltegriff um und beende die Sankyo omote Technik (Bild 5-9).

Tachi waza · Yokomen uchi - Yonkyo

Beginne im linken Profilstand. Wenn Uke sich nähert und angreift, führst du mit deiner linken Hand einen Atemi aus. Gehe einen Schritt zurück, ziehe deinen linken Unterarm zurück und kontrolliere Ukes rechten Arm. Führe mit deiner rechten Hand einen zweiten Atemi aus (Bild 1-4). Übernimm mit deiner rechten Hand Ukes linkes Handgelenk und füge deine linke Hand zu dem Griff auf Ukes Unterarm hinzu. Beende die Yonkyo Technik in Seiza (Bild 5-9).

Tachi waza · Yokomen uchi - Gokyo #1

Beginne im linken Profilstand. Wenn Uke sich nähert und angreift, führst du mit deiner linken Hand einen Atemi aus. Gehe einen Schritt zurück, ziehe deinen linken Unterarm zurück und kontrolliere Ukes rechten Arm. Führe mit deiner rechten Hand einen zweiten Atemi aus (Bild 1-3). Übernimm mit deiner rechten Hand Ukes rechtes Handgelenk und gehe einen Schritt zurück. Übernimm mit deiner linken Hand die Kontrolle über Ukes rechten Ellenbogen und führe Gokyo aus (Bild 4-8).

Tachi waza · Yokomen uchi - Gokyo #2

Beginne im linken Profilstand. Wenn Uke sich nähert und angreift, führst du mit deiner linken Hand einen Atemi auf seiner Zentrallinie aus. Bewege dich zur Seite und öffne gleichzeitig mit deinem linken Unterarm Ukes rechten Arm. Führe mit deiner rechten Hand einen zweiten Atemi aus (Bild 1-3). Übernimm mit deiner rechten Hand Ukes Handgelenk und übernimm mit deiner linken Hand Ukes Ellenbogen. Lasse dich in Seiza nieder und beende die Technik mit einem Standard Gokyo Abschlußhebel (Bild 4-8).

Tachi waza · Yokomen uchi - Kotegaeshi

Beginne im linken Profilstand. Wenn Uke sich nähert und angreift, gehst du einen Schritt zurück und führst mit deiner rechten Hand einen Atemi aus (Bild 1-3). Leite Ukes Yokomen uchi Angriff um während du gleichzeitig einen Schritt zurück gehst (Bild 4-5). Übernimm Ukes Handgelenk mit deiner linken Hand, bringe Uke vorwärts in Kuzushi und führe Kotegaeshi aus (Bild 6-10).

Entdecke Aikido Band 1

Tachi waza · Yokomen uchi - Shiho nage

Beginne im linken Profilstand. Wenn Uke sich nähert und angreift, führst du mit deiner linken Hand einen Atemi aus. Gehe einen Schritt zurück und übernimm die Kontrolle über Ukes Handgelenk. Führe mit deiner rechten Hand einen zweiten Atemi aus und füge deine rechte Hand zu dem Griff auf Ukes Unterarm hinzu (Bild 1-4). Ziehe Uke vorwärts und drehe dich unter Ukes Arm in die Halbposition, indem du dich auf einem Knie niederlässt. Beende die Shiho nage Technik (Bild 5-10).

Entdecke Aikido Band 1

Tachi waza · Yokomen uchi - Irimi nage #1

Beginne im linken Profilstand. Wenn Uke sich nähert und angreift, gleitest du nur etwas zurück, um den Angriff zu absorbieren und zu beschleunigen (Bild 1-3). Wenn Uke näher an dich heran kommt, führst du mit deinem linken Unterarm einen Atemi aus und öffnest Ukes rechten Arm zur Seite. Gehe einen Schritt vorwärts, dringe mit deiner rechten Hand auf Ukes Zentrallinie ein und führe Irimi nage aus (Bild 4-8).

Tachi waza · Yokomen uchi - Irimi nage #2

Beginne im linken Profilstand. Wenn Uke sich nähert und angreift, gehst du einen Schritt zurück und führst mit deiner rechten Hand einen Atemi aus (Bild 1-2). Leite Ukes Yokomen uchi Angriff um während du einen Schritt zurück gehst (Bild 3-5). Gehe anschließend wieder einen Schritt vorwärts, schließe Ukes Zentrallinie mit deinem Unterarm und beende die Irimi nage Technik (Bild 6-9).

Tachi waza · Yokomen uchi - Irimi nage #3

Beginne im linken Profilstand. Wenn Uke sich nähert und angreift, bewegst du dich zur Seite. Führe mit deiner linken Hand einen Atemi auf Ukes Zentrallinie aus und öffne Ukes rechten Arm zur Seite. Führe mit deiner rechten Hand einen zweiten Atemi aus (Bild 1-3). Hebe mit deinem rechten Unterarm Ukes rechten Arm an und führe mit deiner linken Hand einen Atemi zu seinen Rippen aus (Bild 4-5). Nun bringst du mit deiner rechten Hand Ukes rechten Arm nach unten und übernimmst mit deiner linken Hand die Kontrolle über Ukes Nacken. Schließe mit deinem rechten Unterarm Ukes Zentrallinie und führe Irimi nage aus (Bild 6-9).

Tachi waza · Yokomen uchi - Yoko irimi

Beginne im linken Profilstand. Wenn Uke sich nähert und angreift, gleitest du zurück und drehst dich zur Seite weg (Bild 1-4). Wenn Uke näher an dich heran kommt, drehst du dich in einer kurzen Vorwärtsbewegung in Ukes Richtung und streckst deinen Arm auf Ukes Zentrallinie aus. Führe Yoko irimi aus (Bild 5-8).

Tachi waza · Yokomen uchi - Sumi otoshi

Beginne im rechten Profilstand. Wenn Uke sich nähert und angreift, führst du mit deiner rechten Hand einen Atemi auf Ukes Zentrallinie aus. Bewege dich zur Seite und öffne Ukes linken Arm (Bild 1-3). Platziere deine linke Hand in Ukes Ellenbogenbeuge, gehe einen Schritt vorwärts und beende die Sumi otoshi Technik (Bild 4-8).

Tachi waza · Yokomen uchi - Tai otoshi

Beginne im linken Profilstand. Wenn Uke sich nähert und angreift, führst du mit deiner linken Hand einen Atemi auf Ukes Zentrallinie aus. Gleite nur etwas zur Seite und beginne, dich um deine eigene Achse zu drehen während du gleichzeitig deinen linken Unterarm um Ukes rechten Arm rotierst (Bild 1-5). Wenn Uke um dich herum kommt, übernimmst du sein Handgelenk und führst mit deiner rechten Hand einen Atemi aus. Gehe einen Schritt vorwärts. Platziere deinen rechten Oberarm unter Ukes rechte Achsel und beende die Tai otoshi Technik (Bild 6-9).

Entdecke Aikido Band 1

Tachi waza · Yokomen uchi - Ude kime nage

Beginne im linken Profilstand. Wenn Uke sich nähert und angreift, führst du mit deiner linken Hand einen Atemi aus. Gehe einen Schritt zurück und übernimm die Kontrolle über Ukes rechtes Handgelenk. Führe mit deiner rechten Hand einen zweiten Atemi aus, übernimm anschließend Ukes Handgelenk und ziehe es zur Seite (Bild 1-5). Gehe einen Schritt in die Technik hinein. Platziere deinen linken Arm unter und gegen Ukes rechten Arm und führe Ude kime nage aus (Bild 6-9).

Tachi waza · Yokomen uchi - Koshi nage

Beginne im linken Profilstand. Wenn Uke sich nähert und angreift, führst du einen Atemi mit deiner linken Hand aus. Gehe einen Schritt zurück, ziehe deinen linken Unterarm zurück und kontrolliere Ukes rechten Arm. Führe mit deiner rechten Hand einen zweiten Atemi aus (Bild 1-3). Setze einen "Übergangs-" Ikkyo omote an (Bild 4-6). Lockere den Ikkyo Griff so, daß Uke sich wieder aufrichten kann. Nun beugst du geschwind deine Knie und lädst Uke auf deine Hüften auf. Richte dich wieder auf und beende die Koshi nage Technik (Bild 7-10).

Entdecke Aikido Band 1

Tachi waza · Yokomen uchi - Kaiten nage ura

Beginne im linken Profilstand. Wenn Uke sich nähert und angreift, führst du mit deiner linken Hand einen Atemi auf Ukes Zentrallinie aus. Bewege dich zur Seite während du deinen linken Unterarm um Ukes rechten Arm rotierst. Behalte die Position deines Unterarms auf Ukes Ellenbogen bei und übernimm mit deiner rechten Hand die Kontrolle über Ukes Nacken (Bild 1-5). Gleite etwas weiter zurück, drehe dich um deine eigene Achse und beende die Kaiten nage ura Technik (Bild 6-10).

Tachi waza · Yokomen uchi - Kokyu nage

Beginne im linken Profilstand. Wenn Uke sich nähert und angreift, führst du mit deiner linken Hand einen Atemi aus. Gehe einen Schritt zurück, ziehe deine linke Hand zurück und lege sie über Ukes Unterarm. Führe mit deiner rechten Hand einen zweiten Atemi aus (Bild 1-3). Nun "schneidest" du geschwind mit deinem rechten Unterarm in Ukes Ellenbogenbeuge, drehst dich in die Richtung des Wurfs und beendest die Kokyu nage Technik (Bild 4-8).

Tsuki

Tachi waza · Tsuki - Ikkyo

Beginne im linken Profilstand. Wenn Uke sich nähert und angreift, wechselst du deine Profilstellung. Lenke mit deinem linken Unterarm Ukes Angriff um und führe mit deiner rechten Hand einen Atemi aus (Bild 1-3). Übernimm mit deiner rechten Hand Ukes rechtes Handgelenk. Übernimm mit deiner linken Hand die Kontrolle über Ukes linken Ellenbogen und beende die Ikkyo omote Technik (Bild 4-8).

Tachi waza · Tsuki - Kotegaeshi

Beginne im linken Profilstand. Wenn Uke sich nähert und angreift, bewegst du dich vorwärts und weichst dabei von der Linie. Blocke Ukes Angriff mit deiner linken Hand kurz vor seiner Ellenbogenbeuge und übernimm Ukes Handgelenk. Führe mit deiner rechten Hand einen Atemi aus (Bild 1-3). Ziehe Uke in Kuzushi und führe Kotegaeshi aus (Bild 5-8).

Entdecke Aikido Band 1

Tachi waza · Tsuki - Kaiten nage

Beginne im linken Profilstand. Wenn Uke sich nähert und angreift, bewegst du dich vorwärts und weichst dabei von der Linie. Unterbinde mit deinem linken Unterarm Ukes Angriff in seiner Ellenbogenbeuge. Führe mit deiner rechten Hand einen Atemi aus und übernimm Ukes Nacken (Bild 1-4). Ziehe Ukes Nacken nach unten, drücke seinen Ellenbogen vorwärts und beende die Kaiten nage Technik (Bild 5-8).

Tachi waza · Tsuki - Ude kime nage

Beginne im linken Profilstand. Wenn Uke sich nähert und angreift, bewegst du dich vorwärts und weichst dabei von der Linie. Lenke den Angriff mit deinem linken Arm von außen um. Führe mit deiner rechten Hand einen Atemi aus (Bild 1-3). Gleite mit deiner rechten Hand an Ukes Arm hinunter und übernimm die Kontrolle über sein rechtes Handgelenk. Platziere deinen linken Arm unter und gegen Ukes rechten Arm. Gehe einen Schritt in die Technik hinein und führe Ude kime nage aus (Bild 4-7).

Tachi waza · Tsuki - Ude kime osae

Beginne im linken Profilstand. Wenn Uke sich nähert und angreift, bewegst du dich vorwärts und weichst dabei von der Linie. Lenke mit deiner linken Hand Ukes Angriff um und übernimm sein rechtes Handgelenk. Führe mit deiner rechten Hand einen Atemi aus. Übernimm mit beiden Händen die Kontrolle über Ukes rechten Arm (Bild 1-4). Winde deinen linken Arm über Ukes rechten Ellenbogen (Bild 5). Drehe dich zur Seite und lasse dich gleichzeitig in die Halbposition nieder. Be-ende die Ude kime osae Technik (Bild 6-8).

Tachi waza · Tsuki - Irimi nage

Beginne im linken Profilstand. Wenn Uke sich nähert und angreift, bewegst du dich vorwärts und weichst dabei von der Linie. Lenke Ukes Angriff mit deiner linken Hand um. Gehe einen Schritt vorwärts, dringe mit deiner rechten Hand auf Ukes Zentrallinie ein und beende die Irimi nage Technik (Bild 1-5).

Tachi waza · Tsuki - Yoko irimi

Beginne im linken Profilstand. Wenn Uke sich nähert und angreift, bewegst du dich vorwärts und weichst dabei von der Linie. Lenke Ukes Angriff mit deiner linken Hand um (Bild 1-3). Schließe sofort mit deinem linken Ellenbogen Ukes Zentrallinie und führe Yoko irimi aus (Bild 4-6).

Tachi waza · Tsuki - Sumi otoshi

Beginne im linken Profilstand. Wenn Uke sich nähert und angreift, bewegst du dich vorwärts und weichst dabei von der Linie. Blocke Ukes Angriff mit deiner linken Hand und führe mit deiner rechten Hand einen Atemi aus. Übernimm Ukes Handgelenk und drehe dich nun um deine eigene Achse (Bild 1-4). Wenn Uke um dich herum kommt, führst du einen Atemi mit deiner rechten Hand aus und platzierst deine Hand in Ukes Ellenbogenbeuge. Beende die Sumi otoshi Technik (Bild 5-8).

Mae Geri

Tachi waza · Mae geri - Kaiten nage

Beginne im linken Profilstand. Wenn Uke angreift, bewegst du dich vorwärts und nach "innen" in den Angriff hinein. Lenke Ukes rechtes Bein mit deinem linken Arm um und hebe es an. Führe mit deiner rechten Hand einen Atemi aus und übernimm Ukes Nacken (Bild 1-4). Gehe einen Schritt zurück und ziehe gleichzeitig Ukes Nacken nach vorne und nach unten. Drücke Ukes rechtes Bein nach oben und vorwärts und beende die Kaiten nage Technik (Bild 5-8).

Tachi waza · Mae geri - Irimi nage #1

Beginne im linken Profilstand. Wenn Uke angreift, gleitest du zur Seite. Mit deinem rechten Unterarm lenkst du Ukes Angriff um. Blocke Ukes rechten Arm mit deinem linken Arm, um einen möglichen Tsuki Angriff zu verhindern (Bild 1-5). Gehe einen Schritt vorwärts. Schließe Ukes Zentrallinie mit deiner rechten Hand und beende die Irimi nage Technik (Bild 6-8).

Tachi waza · Mae geri - Irimi nage #2

Beginne im rechten Profilstand. Wenn Uke angreift, bewegst du dich vorwärts und gehst gleichzeitig nach "innen" in den Angriff hinein. Lenke Ukes rechtes Bein mit deinem linken Arm um und hebe es hoch. Dringe mit deiner rechten Hand auf Ukes Zentrallinie ein und führe Irimi nage aus (Bild 1-6).

Tachi waza · Mae geri - Irimi nage #3

Beginne im linken Profilstand. Wenn Uke angreift, bewegst du dich vorwärts und gehst gleichzeitig nach "innen" in den Angriff hinein. Lenke mit deinem linken Arm Ukes rechtes Bein um und hebe es hoch. Kontrolliere mit deiner rechten Hand Ukes Zentrallinie (Bild 1-4). Hebe Ukes rechtes Bein weiterhin hoch und fege gleichzeitig Ukes linkes Bein mit deinem rechten Bein. Dringe mit deiner rechten Hand auf Ukes Zentrallinie ein und führe Irimi nage aus (Bild 5-8).

Tachi waza · Mae geri - Yoko irimi

Beginne im linken Profilstand. Wenn Uke angreift, bewegst du dich gleichzeitig vorwärts und zur Seite. Lenke Ukes Angriff mit deinem rechten Unterarm um. Mit deinem linken Arm blockst du Ukes rechten Arm, um einen möglichen Tsuki Angriff zu verhindern (Bild 1-3). Wenn Uke an dir vorbei geht, dringst du mit deinem linken Ellenbogen auf Ukes Zentrallinie ein. Strecke deinen Arm aus und führe Yoko irimi aus (Bild 4-8).

Tachi waza · Mae geri - "Hebe-" wurf

Beginne im linken Profilstand. Wenn Uke angreift, bewegst du dich gleichzeitig vorwärts und zur Seite. Lenke mit deinem rechten Arm Ukes rechtes Bein um und hebe es hoch. Kontrolliere mit deiner linken Hand Ukes unteren Rückenbereich (Bild 1-4). Hebe Uke vom Boden an, setze die Vorwärtsbewegung fort und lasse Uke los (Bild 5-8).

Tachi waza · Mae geri - "Zieh-" wurf

Beginne im linken Profilstand. Wenn Uke angreift, bewegst du dich gleichzeitig vorwärts und zur Seite. Lenke mit deinem rechten Arm Ukes rechtes Bein um und hebe es hoch. Kontrolliere mit deiner linken Hand Ukes rechtes Knie (Bild 1-4). Ziehe mit deinem rechten Arm Ukes Bein hoch und drücke Ukes Knie gleichzeitig mit deiner linken Hand runter. Ziehe Uke dabei vorwärts (Bild 5-9).

Tachi waza · Mae geri - Yonkyo

Beginne im rechten Profilstand. Wenn Uke angreift, bewegst du dich vorwärts und gehst gleichzeitig nach "innen" in den Angriff hinein. Lenke Ukes rechtes Bein mit deinem linken Arm um und hebe es hoch. Führe mit deiner rechten Hand einen Atemi aus und übernimm Ukes rechtes Knie (Bild 1-5). Drehe Ukes Knie nach innen, so daß Uke mit dem Gesicht nach unten auf die Matte schaut. Ziehe Uke zurück und beende die Yonkyo Technik (Bild 6-8).

Tachi waza · Mae geri - Kotegaeshi

Beginne im linken Profilstand. Wenn Uke angreift, bewegst du dich vorwärts und gleitest gleichzeitig zur Seite. Lenke Ukes Angriff mit deinem rechten Unterarm um (Bild 1-4). Wenn Uke mit Tsuki jodan angreift, lenkst du den Angriff mit deiner linken Hand um und übernimmst Ukes Handgelenk. Ziehe Uke in Kuzushi und führe Kotegaeshi aus (Bild 5-10).

Ushiro Ryote Dori

Tachi waza · Ushiro ryote dori - Ikkyo omote

Biete Uke deine rechte Hand zum Greifen an. Wenn Uke zugreift, ziehst du ihn zur Seite und gleichzeitig hinter deinen Rücken (Bild 1-3). Wenn Uke um dich herum kommt, bietest du ihm deine linke Hand zum Greifen an. Kurz bevor Uke deine Hand greifen kann, lässt du sie in einer kreisförmigen Abwärtsbewegung nach unten verschwinden. Übernimm Ukes rechten Ellenbogen und beende die Ikkyo omote Technik in Seiza (Bild 4-8).

Tachi waza · Ushiro ryote dori - Nikyo ura

Biete Uke deine rechte Hand zum Greifen an. Wenn Uke zugreift, ziehst du ihn zur Seite und gleichzeitig hinter deinen Rücken. Wenn Uke um dich herum kommt, bietest du ihm deine linke Hand zum Greifen an. Kurz bevor Uke deine Hand greifen kann, lässt du sie in einer kreisförmigen Abwärtsbewegung nach unten verschwinden und übernimmst Ukes rechtes Handgelenk (Bild 1-6). Setze einen Nikyo ura Haltegriff an und führe die Technik aus (Bild 7-9). Setze eine Nikyo "Übergangszwinge" und einen Nikyo Abschlußhebel an (Bild 10-12).

Tachi waza · Ushiro ryote dori - Sankyo omote

Biete Uke deine rechte Hand zum Greifen an. Wenn Uke zugreift, ziehst du ihn zur Seite und gleichzeitig hinter deinen Rücken. Wenn Uke um dich herum kommt, übernimmst du mit deiner linken Hand Ukes rechtes Handgelenk und führst einen Sankyo Haltegriff aus (Bild 1-4). Gehe einen Schritt zurück und weiche dabei von der Linie. Führe Sankyo omote aus (Bild 5-8).

Tachi waza · Ushiro ryote dori - Kotegaeshi

Biete Uke deine rechte Hand zum Greifen an. Wenn Uke zugreift, ziehst du ihn zur Seite und gleichzeitig hinter deinen Rücken. Wenn Uke um dich herum kommt, bietest du ihm deine linke Hand mit der Handfläche nach oben an (Bild 1-3). Wenn Uke dein linkes Handgelenk gegriffen hat, gehst du einen Schritt zurück, drehst dich um deine eigene Achse und übernimmst mit deiner rechten Hand Ukes linkes Handgelenk (Bild 4-5). Ziehe Uke in Kuzushi und führe Kotegaeshi aus (Bild 6-9).

Tachi waza · Ushiro ryote dori - Shiho nage

Biete Uke deine rechte Hand zum Greifen an. Wenn Uke zugreift, ziehst du ihn zur Seite und gleichzeitig hinter deinen Rücken. Wenn Uke um dich herum kommt, bietest du ihm deine linke Hand mit der Handfläche nach oben an. Wenn Uke deine Hand gegriffen hat, übernimmst du mit deiner linken Hand sein linkes Handgelenk und ziehst es in einer kreisförmigen, horizontalen Bewegungslinie herum (Bild 1-5). Füge deine rechte Hand zu dem Griff hinzu, arretiere Ukes Arm und leite Uke hinter deinen Rücken. Führe Shiho nage aus (Bild 6-9).

Tachi waza · Ushiro ryote dori - Irimi nage

Biete Uke deine linke Hand zum Greifen an. Wenn Uke zugreift, ziehst ihn zur Seite und gleichzeitig hinter deinen Rücken. Wenn Uke um dich herum kommt, bietest du ihm deine rechte Hand mit der Handfläche nach oben an (Bild 1-4). Wenn Uke dein rechtes Handgelenk gegriffen hat, ziehst du es zurück und änderst Ukes Bewegungsrichtung (Bild 5). Schließe Ukes Zentrallinie mit deinem rechten Unterarm und beende die Irimi nage Technik (Bild 6-9).

Tachi waza · Ushiro ryote dori - Yoko irimi

Biete Uke deine rechte Hand zum Greifen an. Wenn Uke zugreift, ziehst du ihn zur Seite und gleichzeitig hinter deinen Rücken. Wenn Uke um dich herum kommt, bietest du ihm deine linke Hand an (Bild 1-4). Wenn Uke dein linkes Handgelenk gegriffen hat, drehst du dich um deine eigene Achse. Befreie deine rechte Hand mit Hilfe eines Meguris aus Ukes Griff. Ziehe Uke mit deinem linken Arm vorwärts (Bild 5). Schließe mit deinem rechten Unterarm Ukes Zentrallinie und führe Yoko irimi aus (Bild 6-9).

Tachi waza · Ushiro ryote dori - Ude kime nage

Biete Uke deine linke Hand zum Greifen an. Wenn Uke zugreift, ziehst du ihn zur Seite und gleichzeitig hinter deinen Rücken. Wenn Uke um dich herum kommt, bietest du ihm deine linke Hand mit der Handfläche nach oben an. Wenn Uke zugreift, übernimmst du mit deiner rechten Hand sein rechtes Handgelenk und ziehst es in einer kreisförmigen, horizontalen Bewegungslinie herum (Bild 1-5). Strecke Ukes Arm zur Seite aus, platziere deinen linken Arm unter und gegen Ukes rechten Arm und beende die Ude kime nage Technik (Bild 7-9).

Entdecke Aikido Band 1

Tachi waza · Ushiro ryote dori - Koshi nage

Biete Uke deine rechte Hand zum Greifen an. Wenn Uke zugreift, ziehst du ihn zur Seite und gleichzeitig hinter deinen Rücken. Wenn Uke sich hinter dir befindet, bietest du ihm deine linke Hand zum Greifen an (Bild 1-4). Bevor Uke ganz um dich herum gekommen ist, beugst du deine Knie und lädst ihn auf deine Hüften auf (Bild 5-6). Richte dich wieder auf und beende die Koshi nage Technik (Bild 7-9).

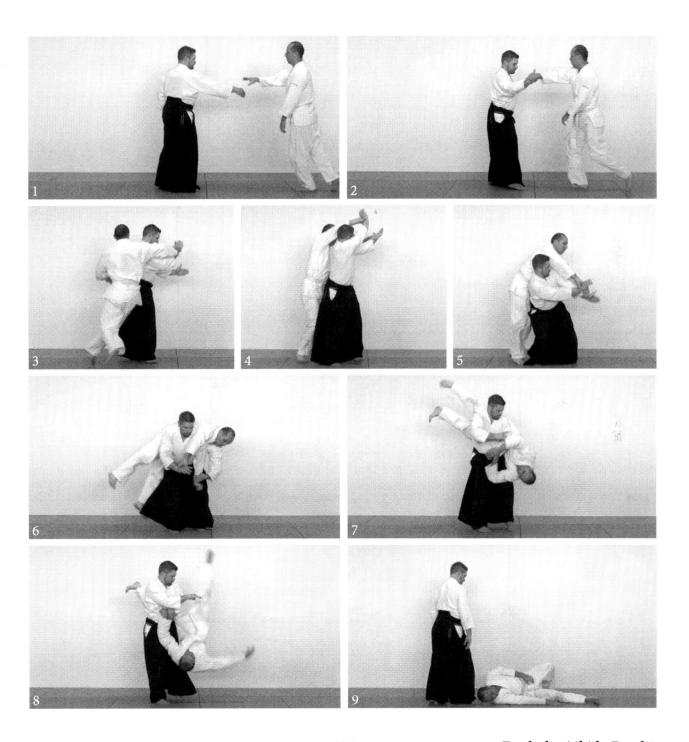

Tachi waza · Ushiro ryote dori - Juji garami

Biete Uke deine rechte Hand zum Greifen an. Wenn Uke zugreift, ziehst du ihn zur Seite und gleichzeitig hinter deinen Rücken. Wenn Uke um dich herum kommt, bietest du ihm deine linke Hand mit dem Daumen nach oben an (Bild 1-4). Wenn Uke dein linkes Handgelenk greift, übernimmst du mit deiner linken Hand Ukes linkes Handgelenk und mit deiner rechten Hand Ukes rechtes Handgelenk (Bild 5). Winde Ukes linken Arm um seinen rechten herum und führe Juji garami aus (Bild 6-9).

Tachi waza · Ushiro ryote dori - Kaiten nage

Biete Uke deine linke Hand zum Greifen an. Wenn Uke zugreift, ziehst du ihn zur Seite und gleichzeitig hinter deinen Rücken. Wenn Uke um dich herum kommt, bietest du ihm deine rechte Hand an (Bild 1-3). Bevor Uke in der Lage ist, sie zu greifen, lässt du deinen rechten Unterarm in einer kreisförmigen Bewegung verschwinden und nimmst die Verbindung mit Ukes linken Ellenbogen auf (Bild 4). Drehe dich um deine eigene Achse, übernimm mit deiner linken Hand Ukes Nacken und ziehe ihn nach unten. Kontrolliere mit deiner rechten Hand Ukes Ellenbogenbeuge. Übe Druck nach vorne auf die Ellenbogenbeuge aus und beende die Kaiten nage Technik (Bild 5-9).

Tachi waza · Ushiro ryote dori - Aiki otoshi

Biete Uke deine linke Hand zum Greifen an. Wenn Uke zugreift, ziehst du ihn zur Seite und gleichzeitig hinter deinen Rücken. Wenn Uke um dich herum kommt, bietest du ihm deine rechte Hand an (Bild 1-3). Wenn Uke dabei ist, dein rechtes Handgelenk zu greifen, gleitest du zurück, bringst Uke in Kuzushi und übernimmst seine Knie (Bild 4-5). Ziehe seine Knie vorwärts und hoch. Beende die Aiki otoshi Technik (Bild 6-9).

Tachi waza · Ushiro ryote dori - Nikyo irimi

Biete Uke deine rechte Hand zum Greifen an. Wenn Uke zugreift, ziehst du ihn zur Seite und gleichzeitig hinter deinen Rücken. Wenn Uke um dich herum kommt, bietest du ihm deine linke Hand an (Bild 1-4). Ziehe deine linke Hand zurück und lasse sie verschwinden. Ermögliche Uke, nach vorne um dich herum zu kommen. Wenn Uke an dir vorbei geht, schließt du mit deinem rechten Unterarm Ukes Zentrallinie und beendest die Nikyo irimi Technik (Bild 5-9).

Tachi waza · Ushiro ryote dori - Kokyu nage

Biete Uke deine rechte Hand zum Greifen an. Wenn Uke zugreift, ziehst du ihn zur Seite und gleichzeitig hinter deinen Rücken. Wenn Uke um dich herum kommt, bietest du ihm deine linke Hand mit dem Daumen nach oben an (Bild 1-4). Wenn Uke beinahe dein Handgelenk gegriffen hat, gehst du einen Schritt vorwärts und lässt dich in die Halbposition nieder. Ziehe Uke vorwärts und beende die Kokyu nage Technik (Bild 5-9).

Katate Ushiro Kubi Shime, Ushiro Ryo Kata Dori & Ushiro Kubi Shime

Tachi waza · Katate ushiro kubi shime - Ikkyo omote

Biete Uke deine rechte Hand zum Greifen an. Wenn Uke zugreift, ziehst du ihn zur Seite und gleichzeitig hinter deinen Rücken. Wenn Uke sich hinter dir befindet, versucht er, einen Würgegriff mit seinem linken Arm anzusetzen (Bild 1-3). Hebe deinen rechten Arm und bewege Uke nach vorne. Übernimm mit deiner linken Hand Ukes rechten Ellenbogen und beende die Ikkyo omote Technik (Bild 4-8).

Tachi waza · Katate ushiro kubi shime - Sankyo omote

Biete Uke deine rechte Hand zum Greifen an. Wenn Uke zugreift, ziehst du ihn zur Seite und gleichzeitig hinter deinen Rücken. Wenn Uke sich hinter dir befindet, versucht er, einen Würgegriff mit seinem linken Arm anzusetzen (Bild 1-3). Hebe deinen rechten Arm und übernimm Ukes rechtes Handgelenk mit deiner linken Hand. Gehe einen Schritt vorwärts in die Technik hinein und führe Sankyo omote aus (Bild 4-8).

Entdecke Aikido Band 1

Tachi waza · Katate ushiro kubi shime - Shiho nage sankyo

Biete Uke deine linke Hand zum Greifen an. Wenn Uke zugreift, ziehst du ihn zur Seite und gleichzeitig hinter deinen Rücken. Wenn Uke sich hinter dir befindet, versucht er, einen Würgegriff mit seinem rechten Arm anzusetzen (Bild 1-4). Hebe deinen linken Arm und blocke Ukes rechten Ellenbogen mit deinem rechten Unterarm (Bild 5). Drehe dich seitwärts, bringe Uke in die Drehungbewegung mit hinein und strecke Ukes linken Arm aus. Beende die Shiho nage sankyo Technik (Bild 6-7).

Tachi waza · Katate ushiro kubi shime - Koshi nage

Biete Uke deine rechte Hand zum Greifen an. Wenn Uke zugreift, ziehst du ihn zur Seite und gleichzeitig hinter deinen Rücken. Wenn Uke sich hinter dir befindet, versucht er, einen Würgegriff mit seinem linken Arm anzusetzen (Bild 1-4). Strecke Ukes rechten Arm nach unten aus und platziere deinen linken Unterarm darüber (Bild 5-6). Beuge deine Knie, lade Uke auf deine Hüften auf, richte dich wieder auf und beende die Koshi nage Technik (Bild 7-10).

Entdecke Aikido Band 1

Tachi waza · Katate ushiro kubi shime - Kubi nage

Biete Uke deine rechte Hand zum Greifen an. Wenn Uke zugreift, ziehst du ihn zur Seite und gleichzeitig hinter deinen Rücken. Wenn Uke sich hinter dir befindet, versucht er, einen Würgegriff mit seinem linken Arm anzusetzen (Bild 1-4). Strecke Ukes rechten Arm nach unten aus (Bild 5-6). Winde deine linke Hand um Ukes Nacken herum, füge deine rechte Hand zu dem Griff hinzu und ziehe Ukes Nacken nach unten. Lasse dich in Seiza nieder und beende die Kubi nage Technik (Bild 7-10).

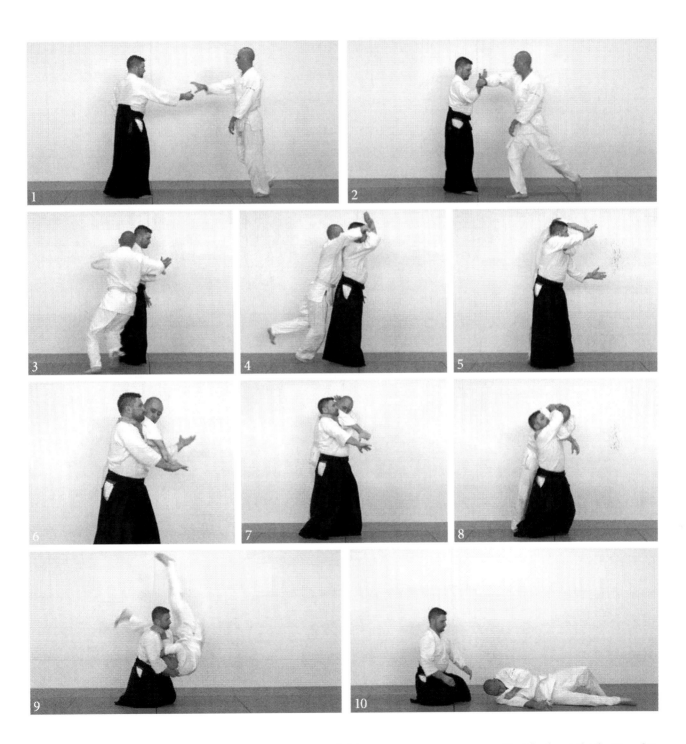

Tachi waza · Katate ushiro kubi shime - Kotegaeshi

Biete Uke deine linke Hand zum Greifen an. Wenn Uke zugreift, ziehst du ihn zur Seite und gleichzeitig hinter deinen Rücken. Wenn Uke sich hinter dir befindet, versucht er, einen Würgegriff mit seinem rechten Arm anzusetzen (Bild 1-3). Hebe deinen linken Arm und beginne, dich um deine eigene Achse zu drehen. Übernimm mit deiner linken Hand Ukes rechtes Handgelenk, ziehe Ukes Griff von deinem Gi herunter und führe Kotegaeshi aus (Bild 4-8).

Tachi waza · Katate ushiro kubi shime - Nikyo irimi

Biete Uke deine linke Hand zum Greifen an. Wenn Uke zugreift, ziehst du ihn zur Seite und gleichzeitig hinter deinen Rücken. Wenn Uke sich hinter dir befindet, versucht er, einen Würgegriff mit seinem rechten Arm anzusetzen (Bild 1-3). Hebe deinen linken Arm und drehe dich zum Uke gerichtet um (Bild 4). Lasse Uke noch näher an dich heran kommen. Wenn er an dir vorbei geht, schließt du mit deinem linken Unterarm Ukes Zentrallinie und beendest die Nikyo irimi Technik (Bild 5-8).

Tachi waza · Katate ushiro kubi shime - Yoko irimi

Biete Uke deine rechte Hand zum Greifen an. Wenn Uke zugreift, ziehst du ihn zur Seite und gleichzeitig hinter deinen Rücken. Wenn Uke sich hinter dir befindet, versucht er, einen Würgegriff mit seinem linken Arm anzusetzen. In diesem Moment hebst du deinen rechten Arm und drehst dich um deine eigene Achse (Bild 1-4). Während du dich drehst, befreist du deine rechte Hand mit Hilfe eines Meguris aus Ukes Griff (Bild 5). Bringe Uke nach vorne und führe Yoko irimi aus (Bild 6-9).

Tachi waza · Katate ushiro kubi shime - Kokyu nage

Biete Uke deine linke Hand zum Greifen an. Wenn Uke zugreift, ziehst du ihn zur Seite und gleichzeitig hinter deinen Rücken. Wenn Uke sich hinter dir befindet, versucht er, einen Würgegriff mit seinem rechten Arm anzusetzen (Bild 1-4). Hebe deinen linken Arm während du einen Schritt vorwärts gehst. Lasse dich in die Halbposition nieder und beende die Kokyu nage Technik (Bild 5-7).

Tachi waza · Ushiro ryo kata dori - Kokyu nage

Biete Uke deine rechte Schulter zum Greifen an. Wenn Uke zugreift, drückst du mit deinem rechten Arm auf Ukes Arm und bringst ihn hinter deinen Rücken (Bild 1-3). Wenn Uke sich hinter dir befindet, versucht er, deine linke Schulter zu greifen (Bild 4). Bevor Uke deine Schulter greifen kann, gehst du einen Schritt vorwärts und lässt dich in die Halbposition nieder. Lehne dich nach vorne und führe Kokyu nage aus (Bild 5-7).

Entdecke Aikido Band 1

Tachi waza · Ushiro ryo kata dori - Aiki otoshi

Biete Uke deine linke Schulter zum Greifen an. Wenn Uke zugreift, drückst du mit deinem linken Arm auf Ukes Arm und bringst ihn hinter deinen Rücken (Bild 1-3). Wenn Uke sich hinter dir befindet, greift er deine rechte Schulter. Du gleitest in diesem Moment zur Seite, um Platz dafür zu schaffen, daß Uke ganz um dich herum kommen kann (Bild 4-5). Wenn Uke sich neben dir befindet, beugst du deine Knie und übernimmst Ukes Knie. Richte dich wieder auf und ziehe Ukes Knie hoch und nach vorne (Bild 6-10).

Tachi waza · Ushiro ryo kata dori - Yoko irimi

Biete Uke deine rechte Schulter zum Greifen an. Wenn Uke zugreift, drückst du mit deinem rechten Arm auf Ukes Arm und bringst ihn hinter deinen Rücken (Bild 1-3). Wenn Uke sich hinter dir befindet, greift er deine linke Schulter. In diesem Moment drehst du dich um deine eigene Achse, gehst eine Schritt vorwärts und "zwischen" seinen Armen hindurch (Bild 4-6). Bewege dich weiter vorwärts und ziehe Uke mit dir. Wenn Uke an dir vorbei geht, schließt du mit deinem rechten Arm Ukes Zentrallinie und führst Yoko irimi aus (Bild 7-10).

Tachi waza · Ushiro kubi shime - Koshi nage

Biete Uke deine rechte Schulter zum Greifen an. Wenn Uke zugreift, drückst du mit deinem rechten Arm auf Ukes Arm und bringst ihn hinter deinen Rücken (Bild 1-3). Wenn Uke sich hinter dir befindet, windet er seinen linken Arm um deinen Nacken und fügt seine rechte Hand zu dem Würgegriff hinzu. Greife mit deinen beiden Händen Ukes linken Arm nahe seiner Ellenbogenbeuge und beuge deine Knie, so daß sich deine Hüfte unter seiner Hüfte befindet (Bild 4-7). Lehne dich nach vorne wie in Tachi rei, richte dich wieder auf und gehe einen Schritt zurück (Bild 8-10).

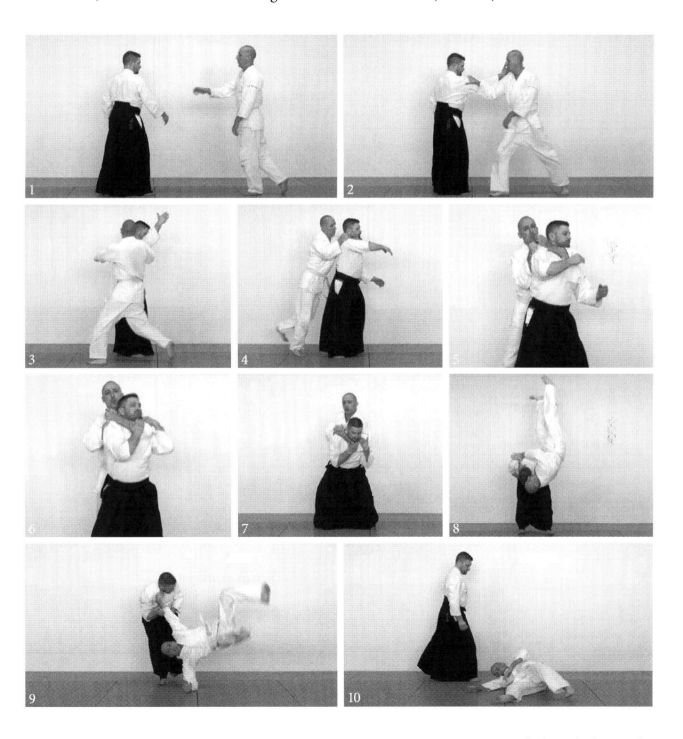

Futari Dori

Futari dori - Kokyu nage #1

Beginne in einer Profilposition und biete beiden Ukes deine Hände zum Greifen an (Bild 1-2). Wenn sich beide Ukes nähern, bewege dich geschwind zurück, bevor sie in der Lage sind, fest zuzugreifen. Lasse dich in die Halbposition nieder, wende die Elemente von Funakogi undo an, ziehe beide Ukes vorwärts und führe Kokyu nage aus (Bild 3-8).

Futari dori - Kokyu nage #2

Beginne in einer Profilposition und biete beiden Ukes deine Hände zum Greifen an (Bild 1-2). Wenn sich beide Ukes nähern, bewegst du dich zurück, bevor sie in der Lage sind, fest zuzugreifen. Winkel deine Unterarme an und bringe beide Ukes in Kuzushi nach oben (Bild 3-5). Bewege dich vorwärts, strecke deine Arme mit Meguri in einer kreisförmigen Bewegung aus und beende die Kokyu nage Technik (Bild 6-12).

Futari dori - Sumi otoshi

Beginne in einer Profilposition und biete beiden Ukes deine Hände zum Greifen an (Bild 1-2). Wenn sich beide Ukes nähern und zugreifen, übernimmst du mit deiner rechten Hand das linke Handgelenk des ersten Uke und mit deiner linken Hand das linke Handgelenk des zweiten Uke. Ziehe beide Ukes in Kuzushi hoch (Bild 3-5). Werfe beide Ukes, jeden in eine entgegengesetzte Richtung, und be- ende die Sumi otoshi Technik (Bild 6-10).

Entdecke Aikido Band 1

Futari dori - Nikyo #1

Beginne in einer Profilposition und biete beiden Ukes deine Hände zum Greifen an (Bild 1-2). Wenn sich beide Ukes nähern, bewegst du dich zurück, bevor sie in der Lage sind, fest zuzugreifen. Mit deinen beiden Hände rotierst du kreisförmig von innen nach außen um die Handgelenke beider Ukes (Bild 3-5). Gleite vorwärts, drücke beide Griffe nach vorne, jeweils in das Zentrum des betreffenden Ukes gerichtet, und beende die Nikyo Technik (Bild 6-10).

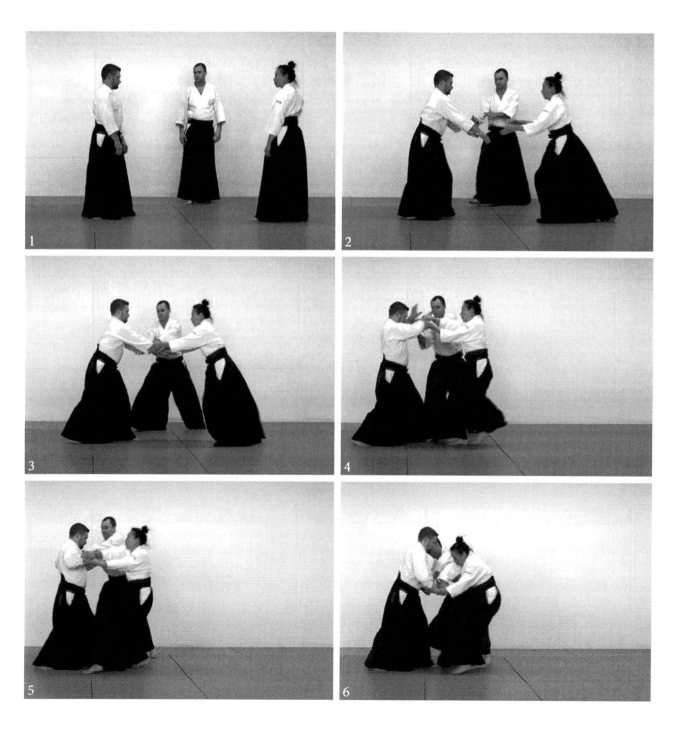

323　　　　　　　　　　　　　　　　Entdecke Aikido Band 1

Futari dori - Nikyo #2

Beginne in einer Profilposition und biete beiden Ukes deine Hände zum Greifen an (Bild 1-2). Wenn sich beide Ukes nähern, bewegst du dich zurück, bevor sie in der Lage sind, fest zuzugreifen. Mit deinen beiden Hände rotierst du kreisförmig von außen nach innen um die Handgelenke beider Ukes (Bild 3-6). Bewege dich zurück, bringe deine Unterarme zu deinen Hüften und führe Nikyo aus (Bild 7-12).

Futari dori - Nikyo #3

Beginne in einer Profilposition und biete beiden Ukes deine Hände zum Greifen an (Bild 1-2). Wenn sich beide Ukes nähern, bewegst du dich zurück, bevor sie in der Lage sind, fest zuzugreifen. Mit deinen beiden Hände rotierst du kreisförmig von innen nach außen um die Handgelenke beider Ukes (Bild 3). Setze einen Nikyo beim ersten Uke an, indem du den Griff zu deinem Zentrum und nach unten bringst. Mit einer leichten Verzögerung führst du einen zusätzlichen Nikyo am zweiten Uke aus, indem du den Griff zur Seite und über den ersten Uke drückst (Bild 4-8).

Futari dori - Nikyo #4

Beginne in einer Profilposition und biete beiden Ukes deine Hände zum Greifen an (Bild 1-2). Wenn sich beide Ukes nähern, bewegst du dich zurück, bevor sie in der Lage sind, fest zuzugreifen. Rotiere mit deinen Händen kreisförmig um das Handgelenk des ersten Uke von innen nach außen und um das Handgelenk des zweiten Uke von außen nach innen (Bild 3). Führe die Nikyo Technik an beiden Ukes gleichzeitig aus, indem du am ersten Uke den Griff nach unten zu seinem Zentrum bringst und beim zweiten Uke den Griff nach hinten drückst (Bild 4-8).

Futari dori - Yoko irimi

Bewege dich vorwärts und biete beiden Ukes deine Hände zum Greifen an (Bild 1-2). Wenn sich beide Ukes nähern und zugreifen, hebst du deinen rechten Arm und gehst unter dem Griff des ersten Ukes hindurch (Bild 3-4). Ziehe den zweiten Uke vorwärts und schließe mit dem Arm des ersten Ukes die Zentrallinie des zweiten Uke (Bild 5-6). Nun wirfst du beide Ukes zur Seite und beendest die Yoko irimi Technik (Bild 7-10).

Futari dori - Irimi nage

Beginne in einem Profilstand und biete beiden Ukes deine Hände zum Greifen an (Bild 1-2). Wenn beide Ukes dabei sind, deine Unterarme zu greifen, gleitest du zurück. Gleichzeitig ziehst du deine Arme zurück, um beide Ukes zu absorbieren und zu beschleunigen (Bild 3). Gehe einen Schritt vorwärts, schließe die Zentrallinien beider Ukes und führe Irimi nage aus (Bild 4-9).

Entdecke Aikido Band 1

Futari dori - Shiho nage

Beginne in einer Profilposition und biete beiden Ukes deine Hände zum Greifen an (Bild 1-2). Wenn sich beide Ukes nähern, bewegst du dich zurück, bevor sie in der Lage sind, fest zuzugreifen. Übernimm jeweils das rechte Handgelenk der Ukes und ziehe sie gleichzeitig auf dein Zentrum (Bild 3-5). Strecke die Arme beider Ukes nach außen aus, gehe unter ihnen hindurch und führe Shiho nage aus (Bild 6-10).

Entdecke Aikido Band 1

Futari dori - Sumi otoshi & Nikyo

Beginne in einer Profilposition und biete beiden Ukes deine Hände zum Greifen an (Bild 1-2). Wenn sich beide Ukes nähern, bewegst du dich zurück, bevor sie in der Lage sind, fest zuzugreifen. Übernimm das rechte Handgelenk des ersten Ukes und ziehe es hoch. Winde deine linke Hand um das linke Handgelenk des zweiten Ukes, um einen Nikyo anzusetzen (Bild 3). Führe die beiden Techniken gleichzeitig aus: Sumi otoshi am ersten Uke und Nikyo am zweiten Uke (Bild 4-9).

Futari dori - Nikyo irimi & Irimi nage

Beginne in einer Profilposition und biete beiden Ukes deine Hände zum Greifen an (Bild 1-2). Wenn sich beide Ukes nähern, bewegst du dich zurück, bevor sie in der Lage sind, fest zuzugreifen. Ziehe den ersten Uke nach oben, aber erlaube dem zweiten Uke nicht, deinen Arm zu greifen (Bild 3-4). Führe Nikyo irimi am ersten Uke aus und führe gleichzeitig einen direkten Irimi nage am zweiten Uke aus (Bild 5-9).

Futari dori - Ikkyo

Beginne in einer Profilposition und biete beiden Ukes deine Hände zum Greifen an (Bild 1-2). Wenn sich beide Ukes nähern und zugreifen, bringst du deinen rechten Unterarm zu deinem Zentrum und gehst unter dem Griff des ersten Uke hindurch (Bild 3-5). Strecke beide Uke übereinander aus und beende die Ikkyo omote Technik in Seiza (Bild 6-10).

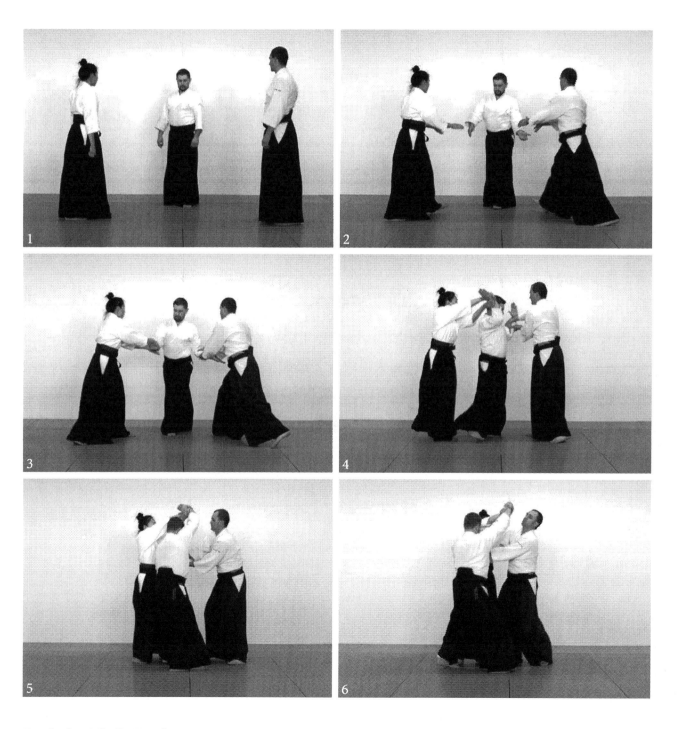

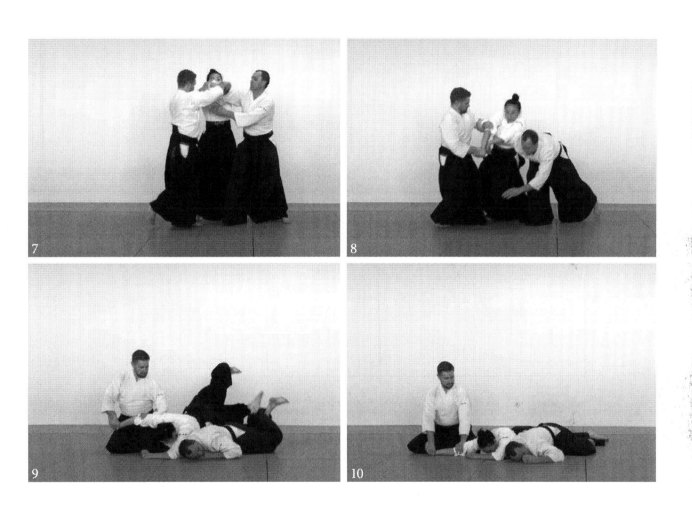

Randori

Unter Randori versteht man im Aikidorepertoire das Training gegen mehrere Angreifer. Diese Form des Trainings ist normalerweise den fortgeschrittenen und erfahrenen Aikidokas vorbehalten. Das Randori kann in seiner Bandbreite sehr variieren und kann entweder aus vorbestimmten, geplanten Angriffen bestehen oder in einer fortgeschritteneren Trainingsform, eine Vielzahl von verschiedenen Angriffen (z.B. Griffe, Schläge, Tritte) beinhalten. Selbstverständlich kann Ukes Angriffsintensität und Toris Technikausführung sehr unterschiedlich sein. Während des Randori hat Tori wenig Zeit und Raum, die Techniken auszuführen. Typischerweise bevorzugt Tori im Randori eine weitaus direktere Technikausführung und eine direktere Anwendung von Atemis. Unter Berücksichtigung dieser Erwägungen ist es sehr wichtig, daß man seine Gelassenheit stets beibehält, die Techniken korrekt ausführt und die Aikido Geisteshaltung jederzeit bewahrt. Beachte, daß die wichtigsten Aspekte des Trainings die Unversehrtheit der Teilnehmer und das Vermeiden von Verletzungen sind. Die technischen Fähigkeiten und die Leistungsstufen aller Teilnehmer sollten deshalb immer bei einem Randori Training mit in Betracht gezogen werden.

Es gibt einige Richtlinien, die befolgt werden sollten, um ein Randori Training sinnvoll zu gestalten:

1. Tori sollte sich am Ende außerhalb des Kreises befinden. Das bedeutet: Wenn Tori von drei Ukes gleichzeitig umgeben ist, sollte es Tori gelingen, im Augenblick des gleichzeitigen Annäherns/Angriffs den Kreis zu verlassen und alle drei Ukes in der Mitte des Kreises stehen zu lassen.

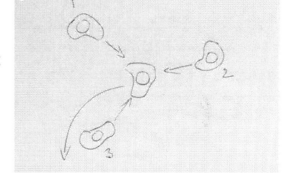

2. Benutze Ukes als Schild. Das bedeutet: Wenn Tori die Mitte des Kreises verlässt, sollte Tori mit einem Uke den Platz tauschen und diesen als Schild gegen die beiden anderen Angreifer benutzen.

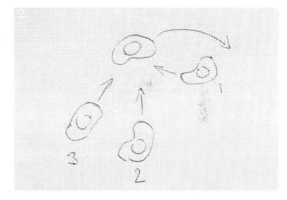

3. Benutze Uke gegen Uke. Das bedeutet: Wenn Tori die Mitte des Kreises verlassen hat und damit beginnt, Techniken anzuwenden, sollte er die Ukes in die gleiche Richtung und/oder aufeinander zu werfen.

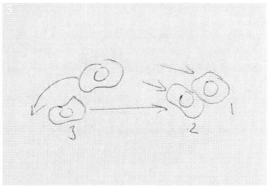

Randori · Beispiel #1

Das folgende beschreibt ein kurzes Beispiel für ein Tachi waza Randori. Tori beginnt im Zentrum und drei Ukes befinden sich auf der Außenlinie des Kreises. Wenn die drei Ukes mit dem Angriff beginnen, bewegt sich Tori schnell aus dem Zentrum heraus, wechselt seine Position mit Uke A und wirft Uke A auf Uke B zu. Dieses verhindert, daß Uke B unmittelbar angreifen kann. Es vergrößert ebenso den Abstand zwischen Tori und Uke C (Bild 1-3). Während Uke A und Uke B ihre Balance zurück gewinnen, führt Tori Irimi nage an Uke C aus und benutzt Uke C gleichzeitig als Schild gegen die beiden anderen, Uke A und Uke B (Bild 4-8).

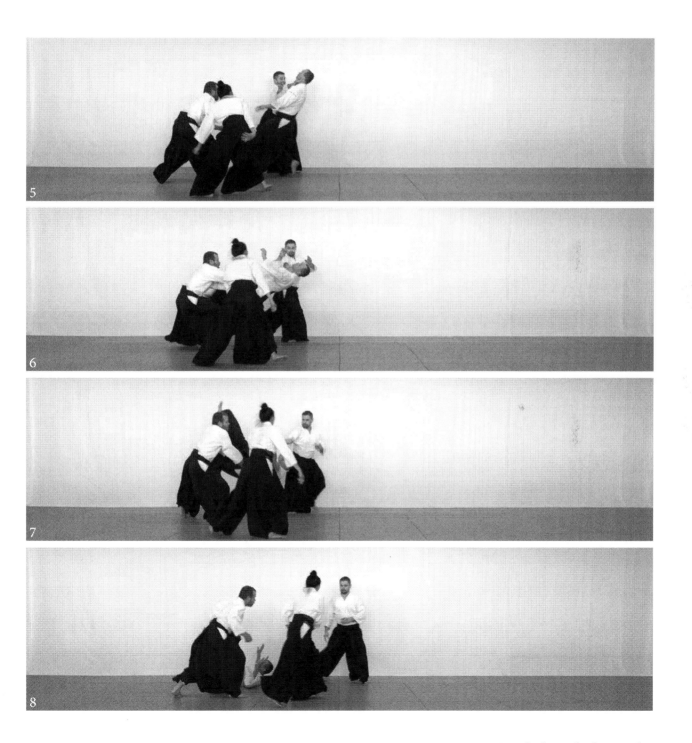

343 Entdecke Aikido Band 1

Randori · Beispiel #2

Das folgende beschreibt ein kurzgefasstes Beispiel für ein Hanmi handachi waza Randori. Tori beginnt im Zentrum und die drei Ukes stehen auf der Außenlinie des Kreises. Tori bewegt sich schnell aus dem Zentrum heraus, wechselt die Position mit Uke C und wirft ihn auf Uke B zu (Bild 1-3). Dieses verhindert, daß Uke B unmittelbar angreifen kann. Wenn Uke A auf Tori zukommt, führt Tori an ihm Kokyu nage aus. Nun folgen die beiden anderen, Uke B und Uke C, nach. Tori fährt mit Kokyu nage und dann mit Sudori nage fort und wirft alle drei Ukes in dieselbe Richtung auf einander zu (Bild 4-9).

Entdecke Aikido Band 1

Randori · Beispiel #3

Das folgende ist ein weiteres Beispiel für ein Tachi waza Randori. In diesem Randori werden die drei Ukes aufeinander zu geworfen. Tori steht im Zentrum und die drei Ukes befinden sich auf der Außenlinie des Kreises. Wenn die drei Ukes mit dem Angriff beginnen, bewegt sich Tori geschwind aus dem Zentrum heraus, wechselt die Position mit Uke A und wirft Uke A auf Uke B zu. Dieses verhindert, daß Uke B unmittelbar angreifen kann (Bild 1-4). Tori fährt damit fort, Uke C auf Uke A und Uke B zu werfen (Bild 5-8).

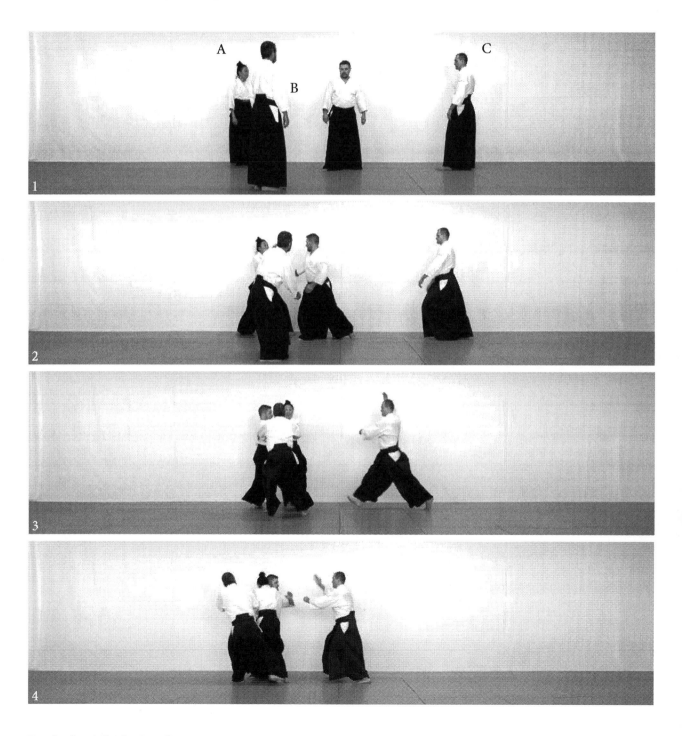

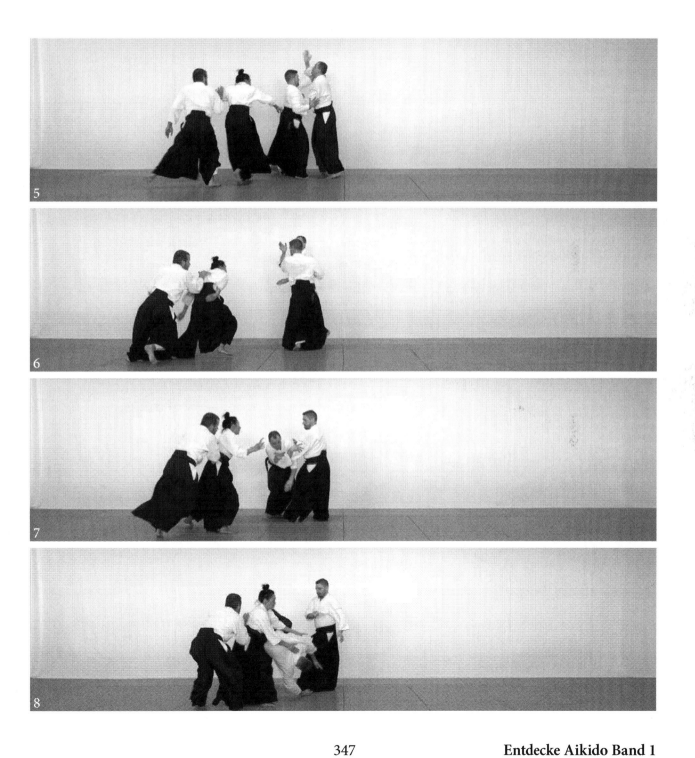

Entdecke Aikido Band 1

Kaeshi Waza

Kaeshi waza sind Kontertechniken. Um Kaeshi waza im zunehmenden Maße trainieren zu können, müssen Uke sowie Tori zumindest mit den grundlegenden Aikidotechniken und den fundamentalen Konzepten vertraut und technisch ausreichend versiert sein.

Kaeshi waza · Ikkyo - Ikkyo

Beginne Shomen uchi mit deiner linken Hand. Uke antwortet mit Ikkyo omote (Bild 1-2).
Drehe dich um deine eigene Achse und ziehe Uke in eine kreisförmige Bewegung hinein (Bild 3-5).
Wenn Uke herum kommt, beendest du die Ikkyo omote Technik in Seiza (Bild 6-8).

Kaeshi waza · Ikkyo - Nikyo

Beginne Shomen uchi mit deiner rechten Hand. Uke antwortet mit Ikkyo omote (Bild 1-2).
Drehe dich um deine eigene Achse und absorbiere Uke in einer kreisförmigen Bewegung (Bild 3-4).
Wenn Uke herum kommt, beendest du die Nikyo ura Technik (Bild 5-8).

Kaeshi waza · Ikkyo - Sankyo

Beginne Shomen uchi mit deiner rechten Hand. Uke antwortet mit Ikkyo omote (Bild 1-2). Drehe dich um deine eigene Achse und ziehe Uke in eine kreisförmige Bewegung hinein (Bild 3-4). Wenn Uke herum kommt, entfernst du mit deiner linken Hand seine linke Handfläche von deinem Ellenbogen. Greife mit deiner rechten Hand auf Ukes linkes Handgelenk um und beende die Sankyo Technik (Bild 5-8).

Kaeshi waza · Ikkyo - Kotegaeshi

Beginne Shomen uchi mit deiner linken Hand. Uke antwortet mit Ikkyo omote (Bild 1-2). Drehe dich um deine eigene Achse und ziehe Uke in eine kreisförmige Bewegung hinein. Wenn Uke dabei ist, herum zu kommen, übernimmst du mit deiner rechten Hand Ukes linkes Handgelenk. Ziehe Ukes Handgelenk vorwärts (Bild 3-5). Wenn Uke sich in Kuzushi befindet, führst du Kotegaeshi aus (Bild 6-10).

Kaeshi waza · Ikkyo - Ude kime nage

Beginne Shomen uchi mit deiner linken Hand. Uke antwortet mit Ikkyo omote (Bild 1-2).
Drehe dich um deine eigene Achse und ziehe Uke in eine kreisförmige Bewegung hinein (Bild 3-4).
Wenn Uke herum kommt, lenkst du Uke so um, daß du eine Lücke unter seinem linken Arm erzeugst. Führe Ude kime nage aus (Bild 5-8).

Entdecke Aikido Band 1

Kaeshi waza · Ikkyo - Irimi nage

Beginne Shomen uchi mit deiner linken Hand. Uke antwortet mit Ikkyo omote (Bild 1-2).
Drehe dich um deine eigene Achse und absorbiere Uke in einer kreisförmigen Bewegung (Bild 3-4).
Wenn Uke herum kommt, führst du ihn noch mehr in die Technik hinein und beendest die Irimi nage Technik (Bild 5-8).

Entdecke Aikido Band 1

Kaeshi waza · Ikkyo - Nikyo irimi

Beginne Shomen uchi mit deiner linken Hand. Uke antwortet mit Ikkyo omote (Bild 1-2).
Drehe dich um deine eigene Achse und absorbiere Uke in einer kreisförmigen Bewegung (Bild 3-4).
Wenn Uke herum kommt, ziehst du Uke mit einem Meguri hoch und führst ihn noch tiefer in die
Technik hinein. Führe Nikyo irimi aus (Bild 5-8).

Kaeshi waza · Ikkyo - Juji garami

Beginne Shomen uchi mit deiner rechten Hand. Uke antwortet mit Ikkyo omote (Bild 1-2). Drehe dich um deine eigene Achse und absorbiere Uke in einer kreisförmigen Bewegung (Bild 3-4). Wenn Uke herum kommt, entfernst du mit deiner linken Hand Ukes linken Unterarm von deinem Ellenbogen. Übernimm seine beiden Handgelenke und beende die Juji garami Technik (Bild 5-9).

Entdecke Aikido Band 1

Kaeshi waza · Ikkyo - Shiho nage sankyo

Beginne Shomen uchi mit deiner linken Hand. Uke antwortet mit Ikkyo omote (Bild 1-2). Gleite zu-rück und ziehe Uke in die Technik hinein (Bild 3-4). Wenn Uke an dir vorbei geht, führst du Shiho nage sankyo aus (Bild 5-8).

Kaeshi waza · Ikkyo - Kokyu nage

Beginne Shomen uchi mit deiner linken Hand. Uke antwortet mit Ikkyo omote (Bild 1-2). Lasse dich geschwind in die Halbposition nieder und befördere Uke vorwärts in die Kokyu nage Technik hinein (Bild 3-8).

Kaeshi waza · Nikyo ura - Ikkyo

Beginne Shomen uchi mit deiner linken Hand. Uke antwortet mit Nikyo ura (Bild 1-3). Winkel dei-nen linken Unterarm an und beginne, dich gleichzeitig um deine eigene Achse zu drehen, während du mit deinem linken Unterarm einen Meguri zum Griff hinzufügst (Bild 3-6). Übernimm Ukes lin-kes Handgelenk und seinen linken Ellenbogen und beende die Ikkyo omote Technik in Seiza (Bild 7-10).

Kaeshi waza · Nikyo ura - Nikyo

Beginne Shomen uchi mit deiner linken Hand. Uke antwortet mit Nikyo ura (Bild 1-3). Mit deiner rechten Hand hälst du Ukes rechte Handfläche fest und runter. Schwinge nun deinen linken Ellenbogen über Ukes rechten Unterarm, damit du die Nikyo Technik ausführen kannst (Bild 4-8).

Kaeshi waza · Nikyo ura - Sankyo

Beginne Shomen uchi mit deiner linken Hand. Uke antwortet mit Nikyo ura (Bild 1-3).
Winkel deinen linken Unterarm an und beginne, dich gleichzeitig um deine eigene Achse zu drehen, während du mit deinem linken Unterarm einen Meguri zum Griff hinzufügst (Bild 4-5).
Übernimm Ukes linkes Handgelenk mit deiner rechten Hand und beende die Sankyo omote Technik (Bild 6-10).

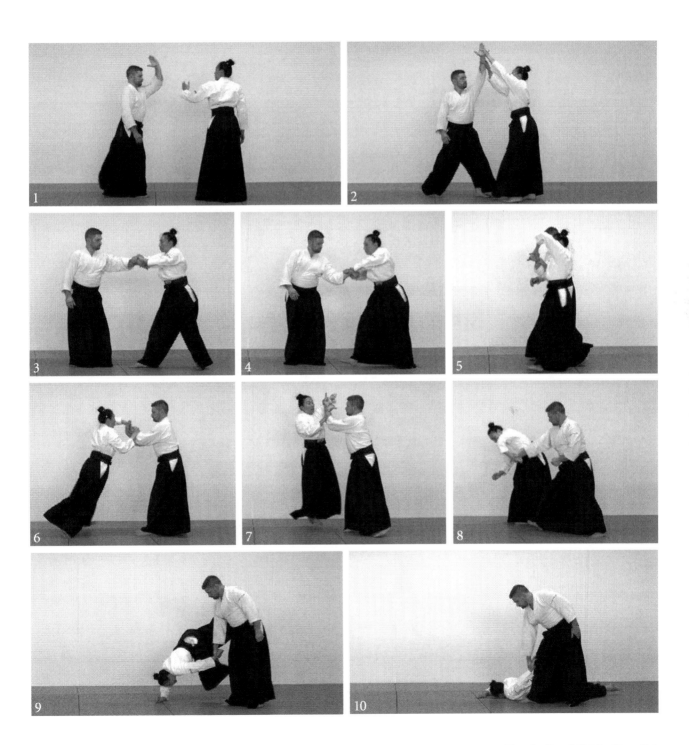

Kaeshi waza · Nikyo ura - Kotegaeshi

Beginne Shomen uchi mit deiner linken Hand. Uke antwortet mit Nikyo ura (Bild 1-3). Rotiere mit deiner linken Hand kreisförmig von oben um Ukes rechten Unterarm herum und übernimm Ukes Handgelenk (Bild 4-5). Ziehe Uke in Kuzushi und führe Kotegaeshi aus (Bild 6-10).

Kaeshi waza · Nikyo ura - Nikyo irimi

Beginne Shomen uchi mit deiner rechten Hand. Uke antwortet mit Nikyo ura (Bild 1-3). Gehe einen Schritt zurück und führe Uke gleichzeitig in die Technik hinein (Bild 4-5). Wenn Uke an dir vorbei geht, schließt du seine Zentrallinie und führst Nikyo irimi aus (Bild 6-9).

Kaeshi waza · Nikyo ura - Yoko irimi

Beginne Shomen uchi mit deiner linken Hand. Uke antwortet mit Nikyo ura (Bild 1-3). Mit deinem linken Arm reichst du zwischen Ukes Armen auf seine Zentrallinie durch. Hebe Ukes rechten Unterarm mit Hilfe eines Meguris an (Bild 3-5). Führe Uke in die Technik hinein und beende die Yoko irimi Technik (Bild 6-9).

Kaeshi waza · Nikyo ura - Shiho nage

Beginne Shomen uchi mit deiner linken Hand. Uke antwortet mit Nikyo ura (Bild 1-3). Mit deinem linken Arm reichst du zwischen Ukes Armen auf seine Zentrallinie durch. Hebe Ukes rechten Unterarm mit Hilfe eines Meguris an. Übernimm mit deinen beiden Händen die Kontrolle über Ukes rechten Unterarm und führe Shiho nage aus (Bild 4-9).

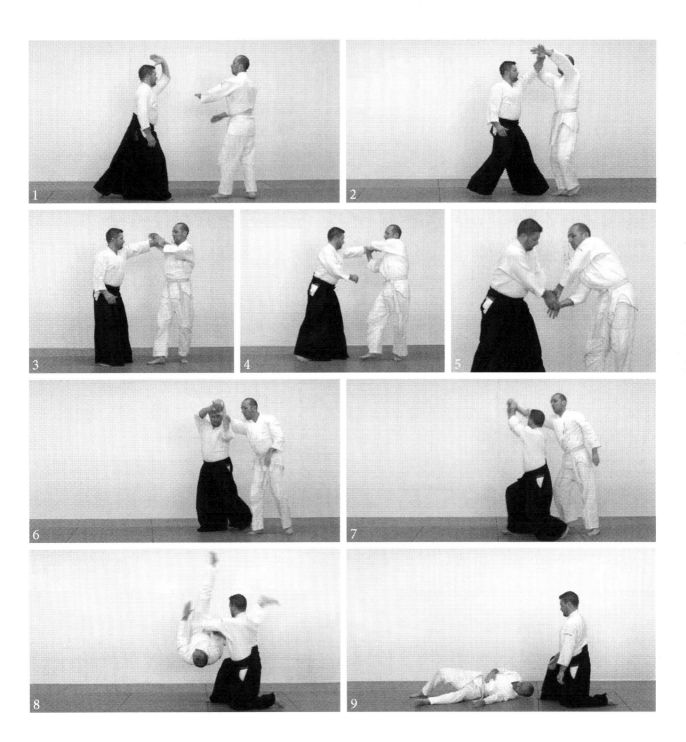

Kaeshi waza · Nikyo ura - Juji garami

Beginne Shomen uchi mit deiner linken Hand. Uke antwortet mit Nikyo ura (Bild 1-3). Winkel deinen linken Unterarm an und drehe dich gleichzeitig um deine eigene Achse während du mit deinem linken Unterarm einen Meguri zum Griff hinzufügst (Bild 4-6). Übernimm mit deiner linken Hand Ukes linkes Handgelenk. Übernimm mit deiner rechten Hand Ukes rechtes Handgelenk und führe Juji garami aus (Bild 7-11).

Entdecke Aikido Band 1

Kaeshi waza · Nikyo ura - Koshi nage

Beginne Shomen uchi mit deiner linken Hand. Uke antwortet mit Nikyo ura (Bild 1-3). Mit deinem linken Arm reichst du zwischen Ukes Armen auf seine Zentrallinie durch. Hebe Ukes rechten Unterarm mit Hilfe eines Meguris an und übernimm mit beiden Händen vorübergehend die Kontrolle über seinen rechten Unterarm (Bild 3-4). Führe die Technik mit einem rechtshändigen Griff fort und bringe Uke nun nach oben und vorwärts. Beuge deine Knie, lade Uke auf deine Hüften auf und führe Koshi nage aus (Bild 5-8).

Kaeshi waza · Nikyo ura - Ude kime nage

Beginne Shomen uchi mit deiner linken Hand. Uke antwortet mit Nikyo ura (Bild 1-3). Mit deinem linken Arm reichst du zwischen Ukes Armen auf seine Zentrallinie durch. Hebe Ukes rechten Unterarm mit Hilfe eines Meguris an. Übernimm mit deiner rechten Hand Ukes rechtes Handgelenk (Bild 4-5). Strecke seinen rechten Arm seitwärts aus und führe Ude kime nage aus (Bild 6-10).

Kaeshi waza · Nikyo ura - Kokyu nage

Beginne Shomen uchi mit deiner linken Hand. Uke antwortet mit Nikyo ura (Bild 1-3). Mit deinem linken Arm reichst du zwischen Ukes Armen auf seine Zentrallinie durch. Lasse deine Hand vor dem Uke wieder heraus kommen und beende die Kokyu nage Technik in einer kreisförmigen Bewegung (Bild 4-9).

Kaeshi waza · Sankyo - Sankyo

Beginne Shomen uchi mit deiner linken Hand. Uke antwortet mit Sankyo (Bild 1-3). Mit deiner linken Hand setzt du einen Meguri an und ziehst Uke vorwärts (Bild 4-6). Übernimm mit deiner rechten Hand Ukes Handgelenk und beende die Sankyo omote Technik (Bild 7-10).

Entdecke Aikido Band 1

Kaeshi waza · Sankyo - Yoko irimi

Beginne Shomen uchi mit deiner linken Hand. Uke antwortet mit Sankyo (Bild 1-3). Mit deinem linken Arm reichst du zwischen Ukes Armen auf seine Zentrallinie durch. Hebe Ukes rechten Unterarm mit Hilfe eines Meguris an und ziehe Uke in die Technik hinein. Beende den Yoko irimi (Bild 4-8).

Kaeshi waza · Sankyo - Shiho nage sankyo irimi

Beginne Shomen uchi mit deiner linken Hand. Uke antwortet mit Sankyo (Bild 1-3). Drehe deine Hüften zur Seite weg und absorbiere Uke in Vorwärtsrichtung (Bild 4). Wenn Uke an dir vorbei geht, führst du Shiho nage sankyo irimi aus (Bild 5-9).

Kaeshi waza · Sankyo - Kokyu nage

Beginne Shomen uchi mit deiner rechten Hand. Uke antwortet mit Sankyo (Bild 1-3). Gehe einen Schritt zurück. Bringe Uke mit Hilfe eines Meguris, den du mit deinem rechten Unterarm ausführst, zu dir und in die Technik hinein. Beende den Kokyu nage (Bild 4-9).

Kaeshi waza · Kotegaeshi - Shiho nage

Beginne Shomen uchi mit deiner linken Hand. Uke antwortet mit Kotegaeshi (Bild 1-2). Rotiere mit deiner linken Hand kreisförmig von oben um Ukes rechten Unterarm. Übernimm mit deinen beiden Händen Ukes Handgelenk (Bild 3-5). Bringe Uke mit Hilfe eines Armhebels hinter deinen Rücken und um dich herum und beende die Shiho nage Technik (Bild 6-9).

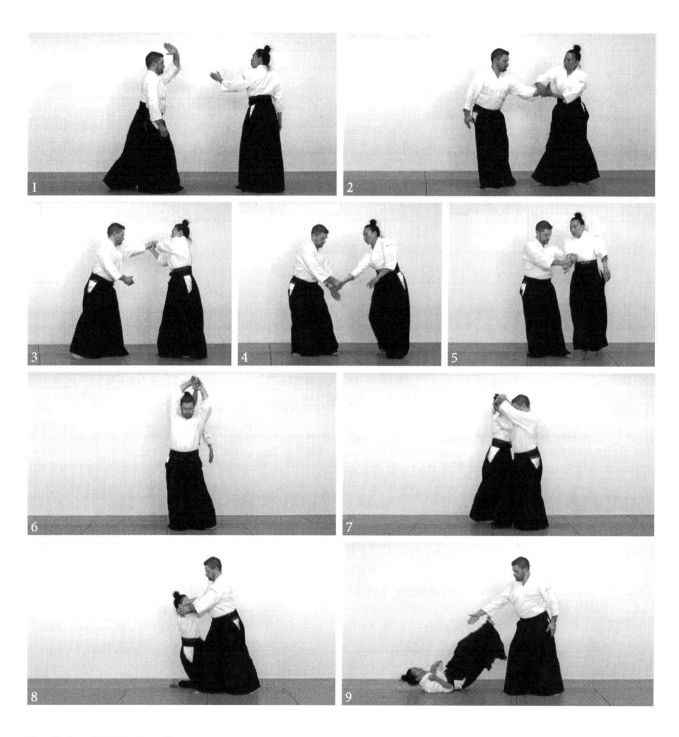

Kaeshi waza · Kotegaeshi - Yoko irimi

Beginne Shomen uchi mit deiner linken Hand. Uke antwortet mit Kotegaeshi (Bild 1-3). Reiche mit deiner linken Hand über Ukes rechten Arm auf Ukes Zentrallinie durch. Hebe Ukes rechten Unterarm mit Hilfe eines Meguris an, bringe Uke nach vorne und beende die Yoko irimi Technik (Bild 4-8).

Kaeshi waza · Kotegaeshi - Ude kime nage

Beginne Shomen uchi mit deiner rechten Hand. Uke antwortet mit Kotegaeshi (Bild 1-2). Gehe einen Schritt zurück und absorbiere Uke mit einem Meguri, den du mit deiner rechten Hand ausführst (Bild 3-5). Platziere deinen linken Arm unter und gegen Ukes rechten Arm und führe Ude kime nage aus (Bild 6-9).

Kaeshi waza · Kotegaeshi - Koshi nage

Beginne Shomen uchi mit deiner linken Hand. Uke antwortet mit Kotegaeshi (Bild 1-3). Gehe einen Schritt vorwärts und bringe deinen Ellenbogen nach innen auf deine Zentrallinie während du Uke mit dieser Bewegung zu dir bringst (Bild 4-5). Strecke Uke nach oben und nach vorne aus. Beuge deine Knie, lade Uke auf deine Hüften auf und führe Koshi nage aus (Bild 6-9).

Entdecke Aikido Band 1

Kaeshi waza · Kotegaeshi - Sumi otoshi

Beginne Shomen uchi mit deiner rechten Hand. Uke antwortet mit Kotegaeshi (Bild 1-2). Übernimm mit deiner rechten Hand Ukes linkes Handgelenk in einer kreisförmigen Bewegung und bringe es in einen Sankyo Haltegriff (Bild 3-6). Bringe Uke nach vorne und beende die Sumi otoshi Technik (Bild 7-10).

Entdecke Aikido Band 1

Kaeshi waza · Kotegaeshi - Nikyo irimi

Beginne Shomen uchi mit deiner rechten Hand. Uke antwortet mit Kotegaeshi (Bild 1-3). Gehe einen Schritt zurück und ziehe Uke mit einem Meguri, den du mit deiner rechten Hand ausführst, in die Technik hinein (Bild 3-5). Wenn Uke an dir vorbei geht, schließt du seine Zentrallinie und führst Nikyo irimi aus (Bild 6-9).

Kaeshi waza · Kotegaeshi - Kokyu nage

Beginne Shomen uchi mit deiner linken Hand. Uke antwortet mit Kotegaeshi (Bild 1-3). Gehe einen Schritt vorwärts, bringe deinen Ellenbogen nach innen auf deine Zentrallinie und ziehe Uke zu dir in die Technik hinein (Bild 4-5). Strecke deinen linken Arm aus und beende die Kokyu nage Technik (Bild 6-8).

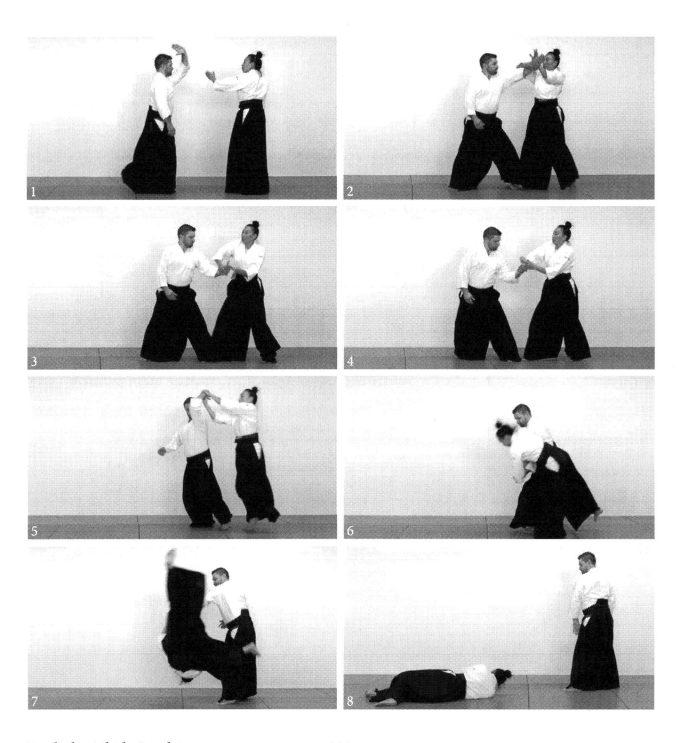

Kaeshi waza · Shiho nage - Shiho nage

Beginne Katate tori aihanmi mit deiner linken Hand. Uke antwortet mit Shiho nage (Bild 1-2). Drehe dich um deine eigene Achse und ziehe Uke mit dir in die Bewegung hinein (Bild 3-4). Wenn Uke herum kommt, nutzt du den Schwung aus, um Uke um deinen Rücken herum zu bringen. Beende die Shiho nage Technik (Bild 5-9).

Kaeshi waza · Shiho nage - Ude kime nage

Beginne Katate tori aihanmi mit deiner linken Hand. Uke antwortet mit Shiho nage (Bild 1-2). Drehe dich um deine eigene Achse und ziehe Uke mit dir in die Bewegung hinein (Bild 3-4). Wenn Uke herum kommt, streckst du seinen Arm zur Seite aus und beendest die Ude kime nage Technik (Bild 5-9).

Kaeshi waza · Shiho nage - Irimi nage

Beginne Katate tori aihanmi mit deiner linken Hand. Uke antwortet mit Shiho nage (Bild 1-4). Wenn Uke dabei ist, den Shiho nage zu beenden, lockerst du deinen Arm, gehst einen Schritt zurück und bringst Uke nach vorne. Führe Irimi nage aus (Bild 5-8).

Kaeshi waza · Shiho nage - Yoko irimi

Beginne Katate tori aihanmi mit deiner linken Hand. Uke antwortet mit Shiho nage (Bild 1-3). Drehe deine Hüften weg und bringe Uke mit deinem linken Arm vorwärts (Bild 4). Wenn Uke an dir vorbei geht, beendest du die Yoko irmi Technik (Bild 5-8).

Kaeshi waza · Shiho nage - Sumi otoshi

Beginne Katate tori aihanmi mit deiner linken Hand. Uke antwortet mit Shiho nage (Bild 1-3). Wenn Uke den Shiho nage beginnt, drehst du deine Hüften weg. Übernimm mit deiner linken Hand Ukes linkes Handgelenk, ziehe Uke hoch und führe Sumi otoshi aus (Bild 4-9).

Kaeshi waza · Ude kime nage - Yoko irimi

Beginne Katate tori aihanmi mit deiner linken Hand. Uke antwortet mit Ude kime nage (Bild 1-3). Drehe dich um deine eigene Achse und ziehe Uke mit dir in die Bewegung hinein (Bild 4). Wenn Uke herum kommt, ziehst du ihn mit deiner linken Hand vorwärts. Schließe Ukes Zentrallinie mit deinem rechten Arm und beende die Yoko irimi Technik (Bild 5-8).

Kaeshi waza · Ude kime nage - Irimi nage

Beginne Katate tori aihanmi mit deiner linken Hand. Uke antwortet mit Ude kime nage (Bild 1-3). Drehe dich um deine eigene Achse und ziehe Uke mit dir in die Bewegung hinein (Bild 4). Wenn Uke herum kommt, ziehst du ihn mit deiner linken Hand vorwärts. Wenn Uke an dir vorbei geht, beendest du die Irimi nage Technik (Bild 5-9).

Kaeshi waza · Ude kime nage - Shiho nage

Beginne Katate tori aihanmi mit deiner linken Hand. Uke antwortet mit Ude kime nage (Bild 1-3). Drehe dich um deine eigene Achse und ziehe Uke mit dir in die Bewegung hinein (Bild 4-5). Wenn Uke herum kommt, fügst du deine rechte Hand zu deinem Griff auf Ukes linkes Handgelenk hinzu und beendest die Shiho nage Technik (Bild 6-10).

Kaeshi waza · Ude kime nage - Kotegaeshi

Beginne Katate tori aihanmi mit deiner linken Hand. Uke antwortet mit Ude kime nage (Bild 1-3). Drehe dich um deine eigene Achse und ziehe Uke mit dir in die Bewegung hinein (Bild 4). Übernimm mit deiner rechten Hand Ukes rechtes Handgelenk. Ziehe Uke vorwärts in Kuzushi und führe Kotegaeshi aus (Bild 5-9).

Kaeshi waza · Ude kime nage - Ude kime nage

Beginne Katate tori aihanmi mit deiner linken Hand. Uke antwortet mit Ude kime nage (Bild 1-3). Wenn Uke herum kommt, streckst du seinen Arm zur Seite aus. Übernimm mit deiner rechten Hand die Kontrolle über Ukes linken Ellenbogen und beende die Ude kime nage Technik (Bild 4-8).

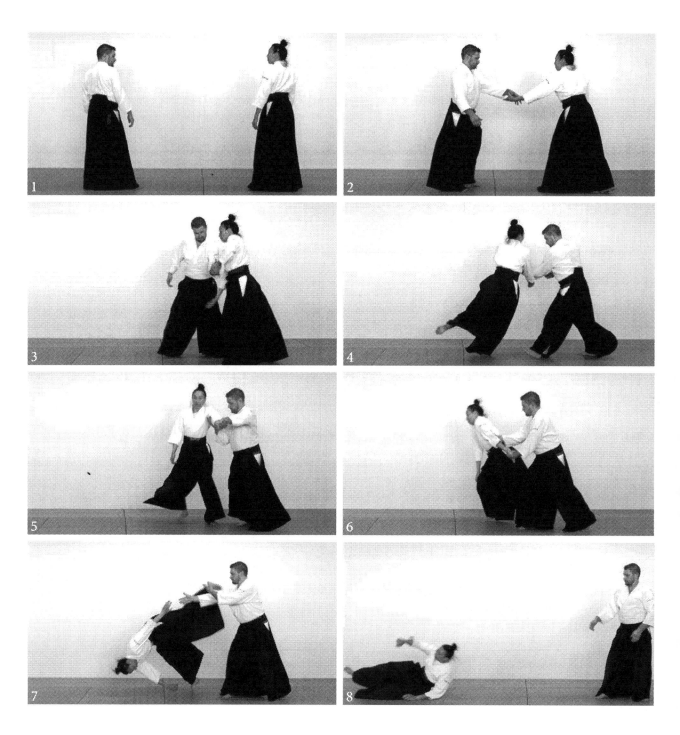

Kaeshi waza · Yoko irimi - Yoko irimi #1

Beginne Katate tori gyakuhanmi mit deiner linken Hand. Uke antwortet mit Yoko irimi (Bild 1-3). Folge Ukes Bewegung in die Technik hinein, hebe Ukes rechten Arm an und gehe einen Schritt hinter Ukes Rücken. Führe Yoko irimi aus (Bild 4-8).

Kaeshi waza · Yoko irimi - Yoko irimi #2

Beginne Katate tori gyakuhanmi mit deiner rechten Hand. Uke antwortet mit Yoko irimi (Bild 1-2). Folge Uke in die Technik hinein. Kontrolliere mit deiner linken Hand Ukes linken Ellenbogen und drehe dich unter seinem linken Arm um deine eigene Achse (Bild 3-5). Strecke Uke mit deiner linken Hand nach vorne aus und führe Yoko irimi aus (Bild 6-8).

Kaeshi waza · Yoko irimi - Shiho nage

Beginne Katate tori gyakuhanmi mit deiner linken Hand. Uke antwortet mit Yoko irimi (Bild 1-3). Folge Uke in die Technik hinein. Hebe Ukes rechten Arm an und öffne seine Zentrallinie in einer kreisförmigen Bewegung. Führe mit deiner rechten Hand einen Atemi aus (Bild 4-5). Übernimm mit deinen beiden Händen Ukes rechtes Handgelenk und führe Shiho nage aus (Bild 6-10).

Kaeshi waza · Yoko irimi - Sumi otoshi

Beginne Katate tori gyakuhanmi mit deiner rechten Hand. Uke antwortet mit Yoko irimi (Bild 1-3). Folge Uke in die Technik hinein. Hebe Ukes linken Arm an und öffne seine Zentrallinie in einer kreisförmigen Bewegung. Führe mit deiner linken Hand einen Atemi aus und lasse deine Hand in Ukes Ellenbogenbeuge gleiten (Bild 4-6). Gehe einen Schritt vorwärts und beende die Sumi otoshi Technik (Bild 7-9).

Kaeshi waza · Yoko irimi - Kubi nage

Beginne Katate tori gyakuhanmi mit deiner rechten Hand. Uke antwortet mit Yoko irimi (Bild 1-2). Folge Uke in die Technik hinein. Übernimm mit deiner linken Hand die Kontrolle über Ukes linken Ellenbogen. Bewege dich weiter vorwärts und positioniere dich unter Ukes linken Arm (Bild 3-4). Winde deinen linken Arm um Ukes Nacken herum und füge deinen rechten Arm zu dem Griff hinzu. Beende die Kubi nage Technik (Bild 5-9).

Glossar: Japanisch - Deutsch

Ai - Harmonie
aiki-jo - Aikido Training mit dem Holzstab
aiki-ken - Aikido Training mit dem Holzschwert
arigato - danke
ashi - Fuß, Bein
ashikubi - Knöchel
atemi - Schlag, Hieb
ayumi ashi - normaler Schritt, normales Gehen, wobei die Beine im Wechsel vorwärts gehen

Bokken - Holzschwert
budo - japanische Kampfkunst
bushi - Krieger
bushido - japanischer feudal-militärischer Verhaltenskodex, der von den Samurai befolgt wurde

Chikama - kürzeste Distanz zum Gegner, von Angesicht zu Angesicht
chudan - mittlere Position

Dan - Rang, Schwarzer Gürtel
deshi - Schüler
do - Weg, Pfad
dojo - Kampfkunstschule
dojo cho - leitender Lehrer
domo arigato gozaimashita - vielen Dank (wird nach jeder Klasse zwischen Partner und Sensei ausgetauscht)
dori - greifen, halten

Futari Dori - Training gegen zwei Gegner

Geri - Tritt
gedan - niedrigere Position
godan - schwarzer Gürtel, 5. Grad
gyakuhanmi - entgegengesetzter bzw. gespiegelter Stand/Position

Ha - Kante der Bokken-Klinge
hachidan - schwarzer Gürtel, 8. Grad
hai - ja
hakama - traditionelle japanische Hosen, gewöhnlich getragen von Schwarzgurten oder fortgeschrittenen Schülern
hara - Bauch
hanmi handachi waza - Aikido-Übung in sitzender Position gegen stehende(n) Angreifer
hidari - links
hiji - Ellenbogen
hiza - Knie

Irimi - hineingehende Bewegung
irimi nage - Eingangswurf, eine der fundamentalen Aikido Techniken

Jo - Holzstab

jo dori - Techniken gegen Uke, der mit einem Jo bewaffnet ist

jo omote - nehme deinen Jo

jo ite - den Jo weglegen

jodan - obere Position

judan - schwarzer Gürtel, 10. Grad

Kaeshi waza - Kontertechniken

kai - Organisation

kamae - Position, Stand

kamiza - ein Altar, Ort der Verehrung. Im Dojo bezieht es sich auf einen Ort, wo die Bilder der Schulvorgänger und/oder die Kalligraphie-Rollen ausgestellt werden

kashira - hinteres Ende des Bokkengriffs

keiko - Training

ken dori - Techniken, um einen mit Bokken bewaffneten Gegner zu entwaffnen

ki - Bewusstsein, Geist, Energie

kihon - Basisform

kensaki - Spitze der Bokkenklinge

kokoro - Herz, Geist

kokyuho - Atemmethode

kokyu nage - "Atem Wurf" Techniken

kote - Handgelenk

kotegaeshi - Drehung des Handgelenks nach außen

kubi - Hals

kuzushi - unbalancierte Position, den Gegner aus dem Gleichgewicht bringen

kyu - beliebiger Rang unter schwarzem Gürtel

kyudan - schwarzer Gürtel, 9. Grad

Ma-ai - korrekte, angemessene Distanz

mae - Vorderseite

meguri - Flexibilität und Rotation des Unterarms

men - Gesicht

mokuso - Meditation

mono uchi - 6-8 inch der Klinge von der Schwertspitze/Bokkenspitze entfernt

mune - 1) Brust 2) Rückseite der Bokken-Klinge

mushin - sprichwörtlich: kein Bewußtsein

Nage - Wurf

nanadan - schwarzer Gürtel, 7. Grad

nanakyo - siebte Haltetechnik

nidan - schwarzer Gürtel, 2. Grad

Nippon - Japan

O - großartig, groß
O'Sensei - Großmeister, im Aikido bezieht sich dieser Titel auf den Gründer des Aikido, Morihei Ueshiba
obi - Gürtel
omote - in die vordere Richtung (im Aikido können wir Techniken in Omote und Ura unterteilen)
onegai shimasu - im Aikido Training wird es am Beginn jedes Unterrichts gesagt und bedeutet "bitte, lass mich mit dir trainieren"

Rei - Verbeugung
rokudan - schwarzer Gürtel, 6. Grad
ryu - in Budo bezieht es sich auf Schule oder Stil

Sandan - schwarzer Gürtel, 3. Grad
saya - Schwertscheide
shiho nage - Vier-Richtungswurf
seika tanden - zentraler Punkt des Bauches, leicht unter dem Nabel
shikko - knieend gehen
seiza - knieend sitzende Position
seme - Angreifer. Der Begriff wird speziell beim Aiki-ken und Aiki-jo Training verwendet. Im Aiki-tai jutsu wird der Begriff durch "Uke" ersetzt
sensei - Lehrer, Meister, Unterweiser
shite - Verteidiger. Der Begriff wird speziell beim Aiki-ken und Aiki-jo Training verwendet. Im Aiki-tai jutsu wird der Begriff durch "Tori" ersetzt.
shihan - Meisterlehrer
shinogi - Klingenkante des Bokken
shodan - schwarzer Gürtel, 1. Grad
shomen - vor auf dem Kopf
sode - Ärmel
soto - außen, außerhalb
suburi - grundlegende Jo oder Bokken Übung im Schlagen und Stoßen
suwari waza - Techniken in sitzender Position

Tachi waza - stehende Techniken
tai sabaki - Körperbewegungen, die zu bestimmten Aikido-Techniken dazu gehören
tai jutsu - die Kunst des Körpers (in Aikido - unbewaffnete Techniken)
tachi rei - Verbeugung in stehender Position
tanto - Messer. Im Aikido bezieht sich der Begriff auf ein Holzmesser.
tatami - Matte, gepolsterter Boden
te gatana - "Hand Schwert"
tera - Schläfe
toma - große Distanz
tori - die Person, die die Technik durchführt, der "Werfer". Siehe auch "Shite"
tsugi ashi - gleiten und nachgezogener Schritt. Tsugi ashi vs. Ayumi ashi
tsuba - Bokken-Handschutz
tsuka - Bokkengriff
tsuki - Schlag

Uchi - Schlag mit der offenen Hand
uchi deshi - in Gemeinschaft lebender Schüler, direkter Schüler des Sensei
uke - Angreifer, Person, die geworfen wird. Siehe auch "seme"
ukemi waza - die Kunst des Fallens als Antwort auf eine Technik
ura - hinten, rückseitig
ushiro - hinter, nach hinten, rückwärts

Waza - Technik, Methode, Technikgruppe

Yame - Stopp
yoko - Seite
yokomen - Seite des Kopfs
yondan - schwarzer Gürtel, 4. Grad
yudansha - Träger eines schwarzen Gürtels

Zanshin - sprichwörtlich: verbleibender Sinn; aufmerksamer Geisteszustand im Anschluß an das Ausüben von Techniken
zarei - Verbeugung in Seiza
zori - Sandalen
zubon - Hosen

Japanisches Zählen

ichi - eins
ni - zwei
san - drei
shi/yon - vier
go - fünf
roku - sechs
shichi/nana - sieben
hachi - acht
kyu - neun
ju - zehn

Andere interessante Bücher. Erhältlich bei Amazon.de und anderen Buchläden.

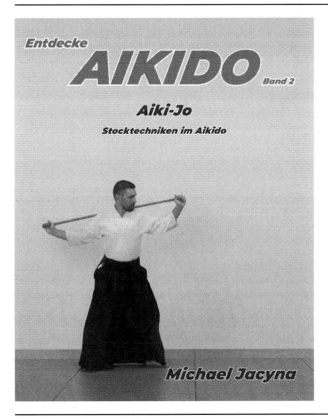

Entdecke AIKIDO Band 2
Aiki-Jo
Stocktechniken im Aikido

Der Band präsentiert eine große Bandbreite von Stocktechniken im Aikido einschließlich:

- *Aiki-Jo Etikette*
- *Jo Suburi*
- *Jo Kihon/Kata*
- *Jo Nage*
- *Jo Dori*
- *Kumi Jo*

ISBN 13: 978-1948038096

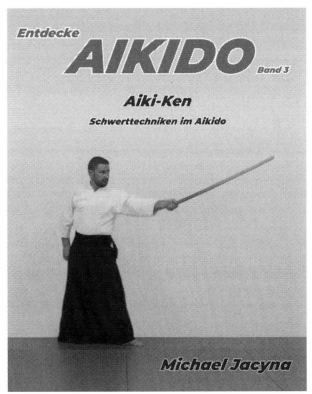

Entdecke AIKIDO Band 3
Aiki-Ken
Schwerttechniken im Aikido

Der Band präsentiert eine große Bandbreite von Schwerttechniken im Aikido einschließlich:

- *Aiki-Ken Etikette*
- *Bokken Suburi*
- *Bokken Kihon/Kata*
- *Ken Nage*
- *Ken Dori*
- *Kumi Tachi*

ISBN 13: 978-1948038102

Printed in Poland
by Amazon Fulfillment
Poland Sp. z o.o., Wrocław